R 10053

1698

Lelevel, Henri

*La philosophie moderne par demandes et par réponses... avec un traité de l'art de persuader*

janvier  Tome 3

R 1905

10053

# LA PHILOSOPHIE MODERNE,

*Par Demandes & Réponses;*

Contenant la Logique, la Métaphysique, la Morale, & la Physique,

*Avec un Traité de l'Art de Persuader.*

## PAR M. DE LELEVEL.

## TOME TROISIEME.

A TOULOUSE,

Chez GUILLAUME-LOUIS COLOMYEZ, Imprimeur du Roy & de la Cour, Juré de l'Université de Toulouse.

*AVEC PRIVILEGE DU ROY.*
M. DC. XCVIII.

# TABLE

DES CHAPITRES du troisiéme Tome de la Philosophie Ancienne & Moderne, par Demandes & Réponses.

---

## LA MORALE.

### CHAPITRE PREMIER.

LA volonté. Son dereglement. Passions. Leur tirannie, &c. pag. 1

Chap. II. D'où dépend la liberté. Son exercice dans tous les états où se trouvent les esprits. 17

Chap. III. La nature, l'Ori-

ã ij

# TABLE

gine & la distribution de la grace. Ce qui fait ou empêche qu'elle ne fructifie en nous. pag. 34

Chap. IV. Ce que Dieu se propose dans l'effusion de sa grace. 50

Chap. V. Comment il faut entendre que les uns sont reprouvez, & les autres predestinez. 57

Chap. VI. Ordre de la justification. 70

Chap. VII. Foy en Jesus-Christ : principe unique de la justification. 76

Chap. VIII. Nos devoirs en conséquence de la puissance, de la sagesse & de la bonté de Dieu. La Loy & l'Evangile ne tendent qu'à nous rappeller à la raison. 89

Chap. IX. La necessité & l'usage du Culte exterieur. Sainteté de l'Eglise. 106

Chap. X. Devoirs reciproques du mary & de la femme. Des parens & des enfans, des freres entr'eux. 119

Chap. XI. Loy essentielle. Motifs de l'accomplir les uns à l'égard des autres. 132

Chap. XII. La maniere de se conduire dans le commerce du monde. 142

Chap. XIII. Erreur touchant

# DES CHAPITRES.

l'amitié. Ce qui fait les vrais amis. Régles sur cette matiere. pag. 153

Chap. XIV. Origine des loix civiles. D'où elles tirent leur force. Quand on doit suivre ou ne pas suivre une loy. Ce que demande nôtre foiblesse. 166

Chap. XV. Droit des gens. Politique raisonnable. Droit de la guerre. 178

Chap. XVI. Destination des Souverains. Devoirs des Sujets. 191

Chap. XVII. Maniere de préparer un Prince à gouverner sagement. 205

Chap. XVIII. Les usages & les raports de la puissance temporelle & de la puissance spirituelle. 219

Chap. XIX. Devoirs envers soi-même. Principe unique de vertu & de gloire. Ce que c'est que l'utile. 231

Chap. XX. Empêchemens à la connoissance & à l'amour de la vérité. 241

Chap. XXI. Suite du même sujet. 251

Chap. XXII. Caractéres des plaisirs des sens. Leurs tristes effets. Malédiction des Spectacles, &c. 257

## TABLE

Chap. XXIII. *Voye du salut: Comment il faut prier.* pag. 272

Chap. XXIV. *Ordre de la justice de Dieu dans la vie & dans la mort. Motifs d'une vie Sainte.* 279

Chap. XXV. *Langage de la Raison dans l'Evangile.* 290.

Fin de la Table du troisiéme Tome.

LA MORALE

# LA MORALE.

## CHAPITRE PREMIER.

*La volonté. Son dereglement. Passions. Leur tirannie, &c.*

*Dem.* QU'est-ce que la Morale ?

*Resp.* C'est la science de l'homme, l'art de regler ses mœurs & sa conduite. Toutes les autres sciences ne doivent avoir pour fin que de nous bien établir dans la Morale : elle n'est qu'un amas de consequences tirées des grands principes que nous avons vûs jusqu'à present.

*Dem.* Qu'elle difference mettez-vous entre la Morale & la Religion ?

*Resp.* La Morale renferme les regles d'une vie juste. La Religion renferme les moyens de suivre ces regles. L'une est inutile sans l'autre, il faut qu'elles marchent ensemble.

*Dem.* Qu'est ce que la Morale considere dans l'homme ?

*Resp.* Elle y considere l'amour du bien. Mais pour connoître ce que c'est que cet amour, il faut se tourner vers l'idée de l'Etre infiniment parfait.

*Dem.* Que decouvrons-nous dans cette idée ?

*Resp.* Nous y decouvrons que Dieu ne connoissant rien de meilleur & de plus parfait que luy, ne peut agir que pour luy même ; & que par consequent c'est pour luy même qu'il nous a faits. Jugez après cela s'il ne doit pas nous porter continuellement vers luy. Le mouvement qu'il nous imprime pour nous unir à luy, est ce que j'appelle l'amour du bien, c'est nôtre volonté.

*Dem.* Vôtre volonté seroit elle la même que celle de Dieu ?

*Resp.* Le mouvement par lequel

nous sommes portez vers le bien, n'est point different de celuy par lequel Dieu s'aime luy même. Ce mouvement est la volonté de Dieu; & fait la nôtre, c'est à dire, l'amour que nous avons pour le bien. L'ame veut comme Dieu veut, parce que Dieu la fait vouloir.

*Dem.* L'amour du bien est il different de nos inclinations?

*Resp.* Toutes nos inclinations ne sont que differentes manieres d'aimer le bien, qui se trouve en Dieu & dans tout ce qu'il a fait. Il est clair, ce me semble, que Dieu s'aimant luy même, & toutes ses creatures aussi, l'amour qu'il nous imprime ne peut être pareil au sien, qu'autant qu'il porte chacun de nous à l'aimer, à s'aimer soy-même, & les autres creatures. Aussi sentons-nous que toutes nos inclinations se reduisent là, à l'amour de ce qui est parfait, à l'amour de nous mêmes, à l'amour de nos semblables.

*Dem.* Mais si nos inclinations ne sont que les effets du mouvement que Dieu nous imprime, peuvent elles avoir un autre objet que Dieu ?

*Resp.* Non, pendant que la nature demeure dans l'ordre : alors l'amour que nous avons pour nous mêmes est un desir d'être unis à celuy qu'on voit clairement être la veritable cause du bonheur. L'amour que nous avons pour d'autres, est un desir de voir tous les hommes comblez de ce bonheur qui se communique à tous sans se partager. L'amour que nous avons pour la perfection est un attachement inviolable à la loy éternelle qui nous soûmet au Createur. Mais dans le dereglement où se trouve la nature, elle tourne son amour tout autrement.

*Dem.* Ces dispositions ne peuvent elles subsister avec sa corruption?

*Resp.* Elles ne le peuvent, quand nous ne sommes pas secourus, je veux dire, à moins que le Reparateur ne s'en mêle. Mais nôtre corruption n'exclut point l'amour du bien. Cet amour est naturel & necessaire, il ne peut être aneanti que par l'aneantissement de la nature. Voyez si vous pouvez vous empêcher d'aimer le bien

*Dem.* Faites moy voir, je vous prie, comment cet amour est compatible avec le déreglement de nos inclinations.

*Resp.* L'ame s'est revoltée contre Dieu, son corps s'est revolté contre elle : alors elle a esté partagée par mille & mille sentimens qui sont liez aux impressions que reçoit le corps, des objets corporels ; & comme elle se trouve heureuse ou malheureuse dans le tems qu'elle reçoit ces sentimens, elle s'atache aux objets d'où elle croit les recevoir, & s'éloigne ainsi de l'objet veritable de son bonheur : je veux dire que gagnée par ces sentimens, elle se meprend volontairement dans la recherche du bien. C'est ce me semble s'en detourner, sans cesser de l'aimer & de le desirer.

*Dem.* Les inclinations sont elles encore là reconnoissables ?

*Resp.* Au fond elles subsistent toujours, mais elles sont si detournées, si changées, si alterées, qu'on a eu raison de les appeller *des passions*.

*La Morale.*

*Dem.* Comment leur arrive ce changement.

*Resp.* Nous aimons le bien, nous voulons être heureux. Un objet sensible n'agit point sur les organes du corps sans causer de l'émotion dans les esprits. C'est la loy de communication des mouvemens que nous ne pouvons suspendre. Cette émotion est accompagnée de sentimens par raport à l'objet. C'est la loy de l'union de l'ame & du corps. Ces sentimens nous font aimer ou craindre cet objet, ils nous detournent du vray bien, & font que nous nous portons avec ardeur vers de faux biens. Voila l'amour du bien changé en passions ; & comme suivant la mechanique du corps humain, les esprits forment des traces qui demeurent sur le cerveau, l'idée du même objet qui dans l'institution de la nature, est liée à la trace qui s'en est faite, se presente souvent à nous, & autant de fois que la trace est renouvellée par le cours des esprits : de maniere que les passions deviennent des habitudes de l'ame.

*Dem.* Ne reconnoissez-vous que ces deux passions dans l'homme, l'amour & la crainte des objets sensibles ?

*Resp.* On peut n'y en considerer qu'une seule qui se diversifie en une infinité de manieres. L'amour d'un objet en devient le *desir*, lors qu'on ne possede pas cet objet. Cet amour devient *colere* ou *vengeance* selon qu'il se sent traversé, ou qu'il trouve des obstacles à la jouissance qu'il cherche; il devient *crainte* quand il voit son objet à une certaine distance: il devient *esperance* dans un autre point de veuë : il est *envie* par raport à ceux qui s'en aprochent : il est *hardiesse* quand il le voit à sa portée: il est *fierté* quand il en jouït : il est *haine* par raport à tout ce qui peut l'arrêter en sa course. L'amour des faux biens est ce qui possede entierement l'homme corrompu, & ce qui produit tous ses mouvemens. Le sentiment interieur que chacun de nous éprouve à cet égard fait naître encore une passion à laquelle on a donné le nom de *honte*.

*Dem.* Pourquoy pretendez-vous que la honte est l'effet de toutes les autres passions ?

*Resp.* C'est que toutes sont opposées à la raison, & qu'on sent que c'est être dereglé, que de s'opposer à la lumiere qui nous doit conduire.

*Dem.* Ne peut-on pas se mettre au dessus de ce sentiment.

*Resp.* Jamais personne ne l'a suprimé. Les plus impudens se cachent quelquefois & dissimulent ce qui se passe dans leur cœur; ou s'ils veulent mettre tout à decouvert, la passion dont ils se glorifient le plus se ralentit, & ils éprouvent par là, que la *honte* qu'ils s'efforçoient de vaincre est la plus forte de toutes les passions. Les Cyniques nous l'ont assez fait voir. C'est que naturellement le corps devant être soûmis à l'esprit, il ne se peut que dans les actions où la revolte du corps est trop sensible, on ne recule toujours, pour ainsi dire, en succombant. Cela soit dit encore pour faire voir l'aveu que chacun de nous fait malgré qu'il en ait de la corruption de la nature.

*Dem.* Ne compte-t'on pas l'orgueil pour une passion ?

*Resp.* On doit moins le considerer comme une passion, que comme l'ame & le soutien de toutes les passions. L'homme aveuglé par les impressions des objets sensibles se cherche par tout, n'aime que luy même, raporte tout à luy même : il veut meriter luy seul les biens qu'il cherche, il écarte ses concurrens, il s'enfle, il se grossit de tout ce qu'il rencontre : en un mot il met son bonheur à jouïr d'un bien qui perit avec le corps, & sa perfection à trouver des hommes qui l'admirent & qui s'occupent de luy. Voilà l'homme sensuel & superbe : son amour pour les faux biens fait naître dans son cœur les pensées insolentes & temeraires ausquelles on a donné le nom d'orgueil.

*Dem.* Tous les hommes ont ils les mêmes passions comme ils ont les mêmes inclinations ?

*Resp.* Quand le corps est bien disposé, ce qui a raport au corps se trouve tout également mais la difference & la mutabilité des corps; l'exemple & l'éducation font que tel aime la Musique, par exemple, qui n'aime pas la danse; & qu'un autre prefere la chasse à la danse & à la musique.

*Dem.* N'y a-t-il pas des passions qui nous sont communes à tous?

*Resp.* Nous sommes tous sujets au desir, à la joye, & à la tristesse. Mais la cause qui les produit n'étant pas également agissante en tous, les uns en sont bien moins affectez que les autres. Ceux qui ont le sang chaud & abondance d'esprits desirent vivement, & sont toujours emportez par la joie. Ceux qui ont le cerveau tendre, & disette d'esprits, sont les plus exposez à la tristesse. Ce qui domine tous les hommes également c'est l'amour du plaisir, & le desir du bonheur: ils ne varient que dans les moyens d'y parvenir, & ils ne varient que parce qu'ils sont dependans de l'action des objets qui agissent sur leurs sens.

*Dem.* Ne pourroit-on pas sans

cette dépendance être sujet aux passions ?

*Resp.* On pourroit sans dependre du corps avoir des emotions d'esprits ; mais on ne peut malgré soy avoir de celles qui nous inclinent violemment à la poursuite des objets sensibles.

*Dem.* Quels sont les effets des passions ?

*Resp.* Considerez-en la nature, vous connoîtrez bien-tôt ce qu'elles peuvent produire. Elles consistent de la part du corps dans les traces du cerveau, & dans des émotions d'esprits qui ouvrent continuellement ces traces ; & de la part de l'ame, dans des idées & des sentimens qui font que l'ame se porte violemment vers les objets ausquels les traces se raportent. Or les traces des objets sont tellement liées les unes aux autres, que si le cours des esprits en reveille une, plusieurs autres se rouvrent en même tems. L'idée principale qui frape l'ame dans ce moment est donc necessairement accompagnée d'un grand nombre d'idées accessoires ; & ces idées s'augmentent d'autant plus, & produisent des sentimens d'autant plus vifs, que l'impression des esprits animaux est plus violente, & la trace plus ouverte. Car ce que l'idée est à la trace, le sentiment l'est à l'émotion des esprits : d'où il s'ensuit évidemment, que ce que nous appellons *passion*, non seulement nous attache à tel ou tel objet, mais encore nous donne ou de la haine ou de l'amour pour tout ce qui se raporte à cet objet ; & quelquefois même à ce qui n'y a aucun raport ; parce que l'ébranlement du cerveau peut être si violent, que des tracés éloignées s'ouvrent comme les accessoires avec celle de l'objet principal.

*Dem.* La raison ne peut elle rien contre ces traces ?

*Resp.* Il s'en ouvre tant de toutes les manieres, que des unes l'ame tire des raisons de quoy justifier les pensées injustes que les autres luy font naitre ; & qu'en faveur de la passion actuellement regnante il s'en présente plusieurs autres qui la defendent & qui l'apuyent. De combien de pasfions est agité un ambitieux au moment que la passion se reveille ? Combien de raisons se presentent à luy dans ce même instant, pour justifier ses vûës & ses desseins ? Que de crainte d'un côté, que d'esperance de l'autre ! que de joie, que de colere, que d'émulation & d'incertitude ! Toutes ces passions accessoires sont accompagnées des jugemens qui leur sont propres ; & par cette multitude de jugemens l'ame travaille elle même à s'entretenir dans ses erreurs & ses miseres. Cela est assez connu par l'experience ; & on n'éprouve que trop que la raison ne peut rien contre une telle conspiration ; ou qu'elle s'y accommode à cause de la peine que sent l'esprit à y resister, & de la douceur qu'il goûte à la suivre. C'est aussi ce qui rend chaque passion durable. Tirant contribution les uns des autres, l'ame trouve long-tems la matiere des jugemens qu'elle forme.

*Dem.* N'a-t'on pas du moins quelque moyen de détourner des jugemens si faux ?

*Resp.* On n'en a pas d'autre, que s'éloigner des objets trop vifs & trop sensibles. C'est le bon usage que nous pouvons faire de nôtre liberté: elle se fortifie d'autant plus que nous nous éloignons de ces objets, elle s'afoiblit à mesure que nous familiarisons avec eux. Car il faut remarquer, que non seulement ils s'impriment sur le cerveau; mais encore que leur impression fait que les esprits se repandent dans toutes les parties du corps, qui peuvent en fournir de nouveau pour l'entretenir & la conserver; d'où il arrive que ces esprits à force de passer par les mêmes chemins, n'en prennent presque plus d'autres; & qu'ainsi le plus petit objet est capable d'agiter, de seduire, de passionner celuy qui n'a pas veillé sur luy même.

*Dem.* Quand une fois les passions sont entrées dans une ame, de quel usage luy est la liberté?

*Reps.* Elle luy sert à deliberer sur de faux biens, & à choisir celuy qu'elle croit le plus à sa portée.

*Dem.* L'homme n'auroit-il de la

liberté que pour le mal ?

*Resp.* La liberté considerée en elle même a un bon & un mauvais usage. On en fait un mauvais usage lors qu'on suit ce que le sentiment inspire ; & on en fait un bon usage lors qu'on se tient ferme à la raison, ou à la loy qui unit la creature au Createur. Mais dans la dependance où nous sommes de nos sens, & par ceux des objets sensibles, le libre arbitre ou le pouvoir que nous avons de choisir entre le bien & le mal, est trop foible : il nous laisse toujours succomber aux attraits des creatures.

*Dem.* Faites moy comprendre comment je suis libre ?

*Resp.* Vous aimez le bien : vous avez vers le bien un mouvement qui ne cesse point. Si vous cherchez toujours ce bien qui est le seul veritable, si vous ne vous arrêtez point en chemin, si vous passez toutes les creatures pour tacher à y atteindre, vous employez selon son usage naturel la liberté que vous avez de chercher. Si vous regardez à droite ou à gauche, si vous voulez essayer des apparences que vous présentent les créatures ; Si au lieu d'avancer toujours, vous vous arrêtez aux faux plaisirs qui se trouvent sur la route, vous corrompez vôtre nature, vous vous reposez dans de faux biens, vous qui êtes appellé au veritable & qui avez le mouvement necessaire pour vous y unir.

*Dem.* Ne pouvant plus empécher que les creatures ne m'arrêtent, comment ferai-je pour avancer ?

*Resp.* Ayez recours au Reparateur de la nature humaine. Le libre arbitre languissant & abbatu se releve par son entremise. Pour le bien comprendre, il faut examiner à fond la nature de la liberté, & de la grace qui repare l'ouvrage de Dieu.

## CHAPITRE II.

*D'où depend la liberté. Son exercice dans tous les états où se trouvent les esprits.*

*Dem.* D'Où l'homme tire-t'il la liberté?

*Resp.* L'homme ne tire rien de luy même; vous le sçavez. Mais ne pouvant être homme sans être libre, on doit regarder la liberté comme une chose qui luy apartient, quoy qu'il n'en ait l'usage que par des choses qui ne luy apartiennent pas.

*Dem.* Quelles sont ces choses d'où depend l'usage de la liberté & qui n'apartiennent pas à l'homme?

*Resp.* C'est sa lumiere & le principe de son amour. Soyez attentif. Cecy depend encore de l'attention à ce qui se passe en nous mêmes. Comme il y a des veritez que nous ne pouvons pas ne pas connoître, & des biens que nous ne pouvons pas ne point aimer, il s'ensuit que la lumiere par laquelle nous connoissons, & le mouvement par lequel nous aimons, ne font point partie de nôtre substance & nous viennent de dehors, puisque ce qui seroit nous mêmes ne nous éclaireroit pas & ne nous transporteroit pas sans que nous le voulussions. Or comme il n'y a que Dieu qui soit au dessus des esprits, il n'y a que Dieu aussi qui puisse les éclairer & les transporter. Si donc l'exercice de la liberté depend de l'amour & de la connoissance, il est évident que nous n'en avons l'usage que par des choses qui ne sont point de nous, par l'impression que Dieu nous donne pour le bien, & par la manifestation de telles & telles idées.

*Dim.* Ce que Dieu nous donne ne nous apartient-il pas aprés qu'il nous l'a donné ?

*Resp.* Ne cherchons point d'équivoque. L'impression reçuë pour le bien, & la connoissance reçuë par la lumiere nous apartiennent. Mais prenez garde : Dieu n'a pas deux sortes de lumieres; & sa lumiere est sa substance. Donc nous ne sommes éclarez que par la substance divine, qu'assurement Dieu ne nous donne pas. De même si l'amour du bien n'est qu'un mouvement perpétuel que Dieu nous imprime vers luy, il est évident que n'y ayant point d'autre mouvement en Dieu que celuy par lequel il s'aime luy même, c'est à dire, point d'autre que sa volonté, nous n'aimons le bien que par l'impression de la volonté divine que Dieu certainement ne fait pas passer de luy en nous. Dieu nous communique donc sa lumiere & nous excite par sa volonté, sans que l'une ni l'autre nous apartienne. Or l'ame ne peut choisir, comparer, juger, raisonner, qu'à la faveur de la lumiere qui luy est offerte, & où sont comprises les idées de tous les biens: & l'impression qu'elle reçoit continuellement pour le bien la porte continuellement à chercher & à choisir. Donc la liberté, qui n'est autre chose que le pouvoir de deliberer & de choisir entre plusieurs biens, est essentielle à nôtre nature, & en même tems depend des choses qui ne se trouvent point en nous; c'est à dire, de la lumiere & de la volonté de Dieu.

*Dem.* Qui empêche que l'homme toujours mû par cette volonté & toujours éclairé par cette lumiere, ne fasse toujours un bon choix ?

*Resp.* S'il ne se passoit rien en luy qui le troublât, il luy seroit facile de n'aimer que les vrais biens. Son amour toujours agissant & toujours éclairé luy suffiroit pour passer toutes les creatures, & ne s'unir qu'au Createur. Mais s'il intervient des sentimens qui partagent l'ame & qui l'occupent, elle sera sujette à se méprendre dans le choix ; & s'il intervient toujours de ces sentimens, elle se meprendra toujours. C'est que l'ame haïssant invinciblement la douleur, & aimant invinciblement le plaisir, c'est une necessité qu'elle s'attache aux objets par lesquels elle sent actuellement qu'elle reçoit l'un & évite l'autre.

*Dem.* Ne pourroit-on point dire aussi, que Dieu pour punir l'homme de son péché, a retiré sa lumiere & ne luy a plus donné l'amour du bien ?

*Resp.* On dit ce qu'on veut ; mais il faut entendre ce qu'on dit ; Non. Le mouvement qui conjointement avec la lumiere anime, pour ainsi dire, nos ames, n'a point diminué, & ne peut d'ailleurs être le principe de nos erreurs & de nos desordres : mais n'étant plus les maîtres de nos sentimens à cause de la revolte du corps, ils determinent ce mouvement vers les creatures ausquelles l'ame s'attache, d'autant plus qu'elle éprouve plus de douceur dans leur jouïssance. On voit clairement, ce me semble, que l'homme attiré comme il l'est de tous côtez, par mille & mille sentimens, ne peut poursuivre un bien à la recherche duquel il faut sacrifier cette multitude de sentimens.

*Dem.* Cela étant ainsi, peut on dire que l'homme soit libre ?

*Resp.* Je vous ay déja marqué qu'il peut bien passer d'un faux bien à un autre aussi faux, deliberer, choisir entre ces faux biens, & se determiner en plusieurs manieres sur les sentimens qu'il éprouve actuellement. Mais comment se determineroit-il pour le vray bien dont la veuë luy est derobée par le tumulte des sens, & qui ne se fait point sentir?

*Dem.* N'y a-t-il aucune voye naturelle, par laquelle on puisse le luy faire goûter?

*Resp.* Il faut y être rappellé par des promesses ou des menaces, par des exemples effrayans, par quelque objet triste, par quelque humiliation, ou quelque reproche secret, & il pourra pendant le calme des sentimens se tourner vers ce bien & faire quelque action qui s'y raporte. Mais ce calme ne dure pas, & passant incontinent à cause de l'action continuelle des objets sensibles ou des impressions qu'ils ont déja faites, l'homme se remet tout naturellement à la poursuite des faux biens. Si vous en voulez des exemples, jettez les yeux sur le commun des Juifs. Ce peuple sans contredit étoit incorrigible: ses murmures, ses ingratitudes, ses idolâtries, ses rechutes fréquentes étoient les suites immanquables de la disposition où se trouve le cœur humain. Ces suites peuvent être suspenduës, mais ce qui n'est point reparé dans son principe, reprend bientôt son cours. Ce peuple pouvoit donc changer de culte, revenir aux ceremonies qu'il avoit laissées, preferer le Tabernacle aux hauts lieux, mais il ne pouvoit pas rechercher les vrais biens. Aussi ne luy en est il point parlé. Son culte est proportionné à son état, & ses recompenses se raportent à l'usage qu'il pouvoit faire de sa liberté.

*Dem.* L'état des Juifs étant tel, quelle idée devons nous avoir de celuy des païens.

*Resp.* Il est certain qu'aucun Payen n'a jamais balancé entre les vrais & les faux biens. Les uns ont aimé les richesses, les autres ont plus aimé les plaisirs; d'autres ont esté passionnez pour la gloire. Tous ont deliberé, mais ce n'a esté que sur les moyens de contenter leurs desirs, & chacun d'eux a suivy la route qu'il s'est faite. Voilà l'usage de leur liberté: les sentimens dont ils étoient prevenus, ne leur laissoient regarder qu'eux mêmes, ils avoient pour regle tantôt une passion, tantôt une autre; & s'ils agissoient contre celle-cy c'étoit toûjours par celle-là. Ceux qui ont le plus fait pour nous persuader qu'ils n'aimoient que la justice, ont esté convaincus d'imposture par toutes les circonstances de leur vie & de leur mort. L'homme une fois livré à ses sentimens en est là. Il ne peut éviter l'aveuglement & l'erreur. C'est sa nature que de ne chercher que luy même?

*Dem.* Peut-il être remis sur les voyes du salut sans que cette nature soit detruite?

*Resp.* Jesus-Christ voulant nous raprocher du Createur s'est accommodé à cette disposition. Il n'a rien detruit, il n'a rien changé, il n'a fait autre chose en nous donnant des exemples & en nous instruisant, que de repandre dans les cœurs, du plaisir par raport aux vrais biens: & en opposant ainsi des sentimens à ceux que nous recevons continuellement par les objets sensibles, plaisir à plaisir, ou degout à douceur, il a remis, pour ainsi dire, les cœurs en équilibre Alors nous nous sommes retrouvez

vez dans la liberté dont nous avions besoin. Emportez vers les biens du corps, nous avons atirez vers ceux de l'ame, vers le souverain bien : & ce nouvel attrait est d'autant plus puissant qu'il est accompagné de lumiere & de paix interieure. C'est l'effet naturel du bien qui en est la fin. Il ne se peut donc qu'il ne change la determinaison de l'ame, & qu'il ne la retourne vers l'objet qui seul est digne d'être aimé.

*Dem.* Peut-elle aprés cela se detourner de cet objet ?

*Resp.* Qoy qu'elle connoisse & qu'elle sente actuellement que son bonheur en depend, elle court risque dans le même moment de s'en detourner à cause que le plaisir celeste luy estant donné par mesure, & que les sentimens qui luy viennent par les objets sensibles n'estant point mesurez, il se peut faire que gagnée par leur nombre & par leur vivacité, elle leur cede & continuë à rechercher les biens qu'elle avoit commencé de mépriser. C'est là precisément la cause de l'inutilité de tant de graces, de

B

tant de rechutes & d'endurcissemens. Les hommes tout remplis d'idées sensibles ne menagent point le moment de la grace ; ils deliberent sur l'objet qui se presente à eux : mille autres objets dans cet instant se presentent. Cependant la grace passe, & ils se retrouvent toujours dans leur premiere route & avec leurs mêmes attachemens.

*Dem.* N'y a-t-il pas plusieurs manieres d'abuser de la liberté par raport à la grace ?

*Resp.* Il y a des gens qui ne donnent presque pas le tems à la grace de se faire sentir ; leurs sens & leur imagination, les rejettant d'abord du côté des creatures. C'est ce qui arrive toujours à ceux qui courent aprés les honneurs & les plaisirs du siecle. Il y en a d'autres, qui suspendent & deliberent sur les faux biens, mais ils écoutent trop les impressions sensibles, ils ne tiennent pas ferme pour la verité & la justice : ils perdent de veuë l'une & l'autre. C'est ce qui ne laisse dans le monde qu'une écorce de Religion. Enfin il y en a qui suivent l'attrait de la grace, & qui aquierent l'habitude fainte à laquelle elle prepare, mais ils ne confervent pas ce qu'ils ont reçû, ils laiffent éteindre l'efprit dont ils font animez; & cela faute d'attention à cette grace actuelle & paffagere qui n'eft pas moins neceffaire pour perfeverer dans la juftice, que pour devenir jufte. C'eft ainfi que les juftes perdent fouvent la charité.

*Dem.* La grace trouve t'elle tous les hommes dans un même degré de liberté?

*Refp.* Plus on fait ufage des fens & de l'imagination; plus la liberté diminuë. Par cet ufage la vivacité naturelle s'augmente de plus en plus; & à mefure qu'elle croit, elle empêche l'ame ou de fufpendre ou de confentir au bien qui n'a point de raport aux fens. Ainfi l'homme fage s'éloigne le plus qu'il peut, des objets fenfibles. Par cet éloignement l'ame diminuë fon efclavage, fes fentimens font moins vifs, le nombre en eft moindre, elle eft moins follicitée, elle trouve moins d'obftacle à confentir au mouvement du plaifir celefte.

*Dem.* Si l'ame aime invinciblement le plaisir, comment peut elle en rejetter un si doux & si solide ?

*Resp.* Ce n'est pas proprement à la grace que nous resistons. La grace est une douce influence ou un plaisir dont nos cœurs s'accommodent toujours, c'est le mouvement qu'elle nous imprime, que souvent nous ne voulons pas suivre ; elle tend à nous faire passer les creatures & à nous transporter au Createur ; mais nous nous detournons, ou nous nous arrêtons, pour ainsi dire, en chemin, à cause des sentimens plus pressans qui naissent de la jouïssance des objets sensibles, & qui nous convainquent en quelque sorte, que de jouïr de ces objets, c'est posseder le vray bien.

*Dem.* Sommes nous assez libres pour empêcher en nous tout effet de la grace ?

*Resp.* La grace leve toujours en quelque sorte la dureté du cœur : elle est donnée dans cette vûë, elle a necessairement cet effet. Mais comme nous nous determinons toujours selon ce qui nous *delecte* davantage, si faute d'attention sur nous mêmes, & du bien qui nous est proposé, les plaisirs de la concupiscence, toujours vivante & en action, se font plus vivement sentir, on ne peut douter qu'alors nous ne resistions au bon mouvement de la grace, & que nôtre resistance ne la fasse éclipser : je ne croy pas qu'on puisse ignorer que cela n'arrive que trop souvent.

*Dem.* Pourquoy l'Auteur de la grace ne nous fait-il pas toujours vaincre les faux plaisirs de la concupiscence ?

*Resp.* C'est qu'il ne veut vous donner qu'autant de secours qu'il vous en faut, afin que vous fassiez l'usage que vous devez de vôtre liberté ; & vous m'avouërez que d'en demander davantage, c'est la derniere bassesse, c'est aimer son esclavage & n'en vouloir point sortir. Quel ordre y auroit-il dans la providence surnaturelle, si plus un pecheur est malin & corrompu, plus il recevoit de graces ; si plus un juste est tiede & negligent, plus il recevoit dequoy perseverer dans la justice. Selon cette supposition où sont ceux qui songeroient à se corriger ? Où est celuy qui se tiendroit sur ses gardes ? Quel sacrifice pourrions nous faire ?

*Dem.* Ne vous paroit-il point étrange que Dieu répande tant de graces dont il prevoit l'inutilité ?

*Resp.* J'en suis surpris, comme de voir Dieu répandre la pluye sur les rochers & sur le sable. Remarquez plutôt que par la distribution qui se fait de la grace, nous sommes traitez comme des natures libres, nous pouvons faire beaucoup d'usage de nôtre liberté, nous pouvons combattre en plusieurs manieres, & meriter ainsi la gloire dont la mesure sera proportionnée à celle de nos œuvres & de nos travaux.

*Dem.* Mettez-vous de la difference entre nôtre liberté retablie par la grace & celle des bien-heureux ?

*Resp.* Pendant qu'icy bas tout l'usage de nôtre liberté se termine à combattre des terreurs, des inquietudes, des impatiences, de faux plaisirs; ceux qui ont fidelement combattu jusqu'à la fin, se trouvent unis au souverain bien, par des plaisirs qui passent tout sentiment. Ils ne le cherchent plus parce qu'ils l'ont trouvé; & ils ne font aucun effort pour l'aimer, parce qu'ils sont remplis de sa douceur, & que la volonté ne trouvant plus d'obstacle suit d'elle même & sans interruption ce qui luy convient si parfaitement. L'exercice de la liberté des bien heureux est de joüir, l'exercice de la nôtre est de combattre. Nous meritons en combattant.

*Dem.* La liberté qui merite n'est elle pas plus parfaite que celle qui ne merite rien ?

*Resp.* Dans ce monde le merite suit le bon usage de la liberté, parce que pour en faire un bon usage, il faut que nous fassions effort contre nous mêmes, ou contre nos mauvaises inclinations. Mais cet effort ne rend pas la liberté plus parfaite : & elle ne l'est jamais davantage que lorsque l'ame se porte avec ardeur & s'unit le plus étroitement qu'il est possible au bien pour lequel elle a esté créée. En un mot les bien-heureux ne méritent pas, parce que le plaisir qu'ils éprouvent en aimant l'objet de leur bonheur est égal à leur amour: mais ils sont dans l'usage parfait de leur liberté, parce qu'ils aiment selon l'ordre & l'objet unique qui leur convient.

*Dem.* Quelle espece de liberté attribuez vous aux demons ?

*Resp.* Je ne trouve dans leurs blasphêmes, dans leurs imprecations, qu'une violente contrainte. La douleur force leur haine, & cette haine leur attirant sans cesse de nouvelles douleurs, ils sont toujours forcez à haïr le souverain bien qu'ils ont perdu. Il faut aussi que des intelligences qui ne peuvent qu'être éternellement opposées au Créateur, soient degradées du principal attribut de leur nature, je veux dire, de la liberté.

*Dem.* Les demons ne deliberent ils pas sur les differens maux qu'ils peuvent nous causer ?

*Resp.* J'avoüe qu'en ce sens ils ont l'usage d'une espece de liberté, Mais comme cette liberté ne tend qu'au mal, & qu'elle est une suite de la haine qu'ils portent à Dieu, on doit plutôt la regarder comme une peine de leur desordre, que comme un droit de leur nature.

*Dem.* Connoissons-nous quelque chose de la liberté de Dieu?

*Resp.* Ce qu'on en sçait certainement c'est qu'elle est toute differente de celle des intelligences créées. Ces intelligences n'ont rien d'elles mêmes, il faut qu'elles recherchent au dehors leur bonheur; & parce qu'elles sont bornées, elles peuvent se méprendre dans ce qui a les apparences du bien. Mais Dieu se suffisant à luy même, peut ne rien produire au dehors; & supposé qu'il agisse, il ne peut agir que de la maniere la plus parfaite & la plus digne de luy, parce que d'une part il aime invinciblement sa gloire, & que de l'autre son intelligence est sans bornes. Mais ne nous écartons pas de ce qui regarde la Morale.

## CHAPITRE III.

*La nature, l'Origine & la distribution de la grace. Ce qui fait ou empêche qu'elle ne fructifie en nous.*

*Dem.* Quelle différence mettez vous entre la grace & la loy donnée aux hommes pour les conduire?

*Resp.* Il y a la Loy écrite sur des Tables de pierre, & la Loy écrite dans la raison. Celle des Tables nous fut donnée pour nous rapeller à la lumiere naturelle & nous remettre devant les yeux ce que la raison nous dicte : mais elle étoit impuissante, ou plutôt nous n'étions pas en état de l'accomplir. La grace vient à nôtre secours, elle s'oppose aux sentimens de la concupiscence, & en nous redonnant le vray usage de nôtre liberté, elle nous fait accomplir la loy, & reprendre par consequent le chemin qui nous est marqué par la lumiere naturelle.

*Dem.* Pourquoy ne pouvons nous accomplir la Loy sans la grace ?

*Resp.* L'homme s'est corrompu. Dans sa corruption il ne peut par luy même répondre aux desseins de son Auteur. Elle luy est devenuë comme naturelle, il ne la sent pas, & à peine peut il la comprendre. Il faut donc que son Auteur le reforme ; autrement ce seroit une creature perduë. Or ce que Dieu employe pour la reformer, c'est la grace, remede puissant & infaillible, que nous ne meritons en aucune maniere, mais que Dieu se doit à luy-même de nous appliquer pour la reformation de son Ouvrage.

*Dem.* Comment decouvre-t'on la nature de ce remede ?

*Resp.* C'est en considerant la nature du mal. Il se passe en nous une infinité de divers sentimens qui nous font craindre ou aimer les creatures ; nous sentons mille plaisirs qui nous tournent entierement vers les biens du corps, qui nous attachent à la terre, mille degouts par raport aux vrais biens. Nous n'aimons que nous mêmes par le plaisir ou par l'orgueil. Il est evident que nous ne pouvons nous tirer de là qu'à la faveur d'une lumiere qui nous decouvre ce que nous sommes, & d'un sentiment qui nous retourne vers les vrays biens. C'est aussi en cela que consiste la grace : & on doit la definir *un goût celeste qui rappellant les hommes à la raison leur fait preferer les biens de l'ame à ceux du corps, méprifer ce qui passe & rechercher ce qui doit durer toujours.*

*Dem.* N'y a-t-il pas de plusieurs sortes de graces ?

*Resp.* On donnera ce nom à tout ce qu'on voudra. Nous en restraignons icy la signification à l'onction repanduë dans les cœurs pour les remplir d'un amour céleste.

*Dem.* Ne dites-vous pas aussi que la grace est une lumiere ?

*Resp.* Prenez garde icy de brouiller. Il n'y a point plusieurs sortes de lumieres. La raison est universelle : elle est pour les yeux de l'esprit ce que le soleil materiel est pour les yeux du corps. Le soleil communique également sa lumiere à tous les yeux qui s'ouvrent devant luy : la raison communique également la sienne à tous les esprits également attentifs. Sa lumiere environne l'ame comme celle du soleil environne nos corps. Il n'y a rien de plus saint, ny de plus divin que cette lumiere ou raison ; puisque c'est le verbe de Dieu, la sagesse éternelle elle même, comme je vous l'ay expliqué ailleurs. C'est le sentiment de saint Augustin, ce ne peut pas n'être pas le sentiment de ceux qui veulent y penser. Il ne faut donc point chercher de nouvelle lumiere dans *la grace*, mais seulement un appuy qui nous releve vers la lumiere commune à tous les esprits, & qui nous donne la force de mettre en pratique ce que cette lumiere nous prescrit. Ce n'est qu'en ce sens que la grace de la nouvelle alliance peut être appellée une lumiere ; & qu'il est écrit que *l'onction enseigne toute verité.*

*Dem.* Par quelles voyes Dieu nous donne-t-il cette onction ?

*Resp.* Dieu peut nous la communiquer en deux manieres, ou immediatement par luy même, ou par l'entremise d'une intelligence particuliere. C'est cette derniere voye, que nous sçavons qu'il a prise. Il a voulu que celuy qui devoit satisfaire pour nous à sa justice fût celuy par lequel il répandit ses graces sur nous. C'est Jesus-Christ qui est le distributeur de la grace qui ne peut decouler que de Dieu même.

*Dem.* Est-ce comme homme ou comme Dieu que Jesus-Christ distribuë la grace ?

*Resp.* C'est comme homme Dieu. Par l'union personnelle en luy de la nature humaine à la sagesse éternelle, il la distribuë sans se meprendre suivant les vûës éternelles & les decrets de son Pere.

*Dem.* Pourquoy distribuë-t'il ce que son Pere nous donne ?

*Resp.* C'est que s'il ne distribuoit pas la grace aprés nous l'avoir meritée, on ne pourroit pas dire que ce fût un Chef qui connut l'état où se trouvent ses membres, qui veillât sur eux, qui sçût à quoy chacun d'eux luy est propre. Car que luy serviroient ses connoissances & sa vigilance n'ayant plus rien à regler? Il est évident qu'elles ne luy serviroient de rien, & que son ministere auroit fini dans sa mort. Ce qui certainement n'est pas ainsi.

*Dem.* Par quelles voyes Jesus-Christ distribuë-t'il la grace?

*Resp.* Il ne la peut distribuër que par ses prieres; & ses prieres ne sont autre chose que les desirs de son ame sainte. C'est donc en consequence de ses desirs ou de ses elevations à Dieu son Pere que la grace nous est donnée.

*Dem.* Quel est le caractere particulier de ses prieres?

*Resp.* Comme sa charité est sans bornes, ses prieres sont continuelles, & elles sont toujours exaucées parce qu'elles sont toujours réglées sur la souveraine sagesse.

*Dem.* N'est-il pas surprenant que la charité de Jesus-Christ ne luy fasse pas sauver tous les hommes?

*Resp.* Si Jesus-Christ ne consultoit que sa charité, il combleroit de graces tous les hommes, & tous infailliblement seroient sauvez. Mais la sagesse éternelle luy prescrit des régles qu'il doit suivre dans l'exercice de son ministere. Ce n'est pas aux commoditez de chacun de nous qu'elle l'applique, c'est à la beauté & à l'avancement de l'édifice qu'il construit. Ainsi c'est en vain qu'un pecheur endurci compte sur la charité de Jesus-Christ, & qu'un juste negligent compte sur la vigilance de ce divin chef. Il est zelé & vigilant, mais c'est pour la maison Sainte où son Pere veut habiter. C'est là que se terminent tous ses vœux & tous ses desirs. Aussi voyons nous une infinité de pecheurs qui perissent dans leur endurcissement, & bien des justes qui ne perseverent pas jusqu'à la fin.

*Dem.* Est-ce par cette raison que les plus grands pecheurs sont quelquefois sanctifiez, & que des justes sont quelquefois abandonnez ?

*Resp.* Le secret de la sanctification des uns, & de l'abandonnement des autres est impenetrable. Car qui pourroit comprendre l'enchainement des causes differentes qui concourrent dans ces évenements, quelles sont les vûës de Dieu, & en particulier ce que Jésus-Christ se propose dans son Ouvrage? Mais on peut sans temerité assurer que l'un est sanctifié & l'autre abandonné, parce que le souverain Prêtre prie pour l'un, & qu'il ne prie pas pour l'autre, suivant ce qu'il juge à propos pour la perfection de son Ouvrage.

*Dem.* N'a-t'on pas toûjours dit que Dieu donne sa grace à qui il veut, quand il veut, & en la maniere qu'il veut?

*Resp.* On l'a dit sans doute, & on a dû le dire. Car prenez garde, suivant ce qui vient d'être dit, l'homme ne se discerne point, & il n'y a point en Dieu acception de personnes, puisque nôtre salut dépend absolument du raport que Dieu a mis entre les loix de la nature & celles de la grace, & que Jesus-Christ prend indifferemment ceux qui en consequence de ces loix sont propres à faire tel ou tel bon effet dans son Temple.

*Dem.* Est-ce ainsi qu'on a toûjours répondu à ceux qui ont eu de mauvais sentimens sur la grace ?

*Resp.* Il y a souvent plusieurs manieres de prouver une même verité. On a vû autrefois des hommes superbes qui pretendoient se discerner eux mêmes par leurs propres merites, par leurs merites naturels ; ou que s'ils avoient besoin de secours, ce n'étoit pas pour commencer à faire le bien, mais seulement pour continuër. Comment se comportoit-on avec eux ? On leur opposoit le langage de l'Ecriture. *Qui met de la difference entre vous ? Qu'avez-vous que vous n'ayez pas reçû ? C'est Dieu seul qui par sa bonne volonté opere en nous le vouloir & le faire.* Et parce que pressez par ces passages ils opposoient ceux-cy. *Je veux donner à ce dernier autant qu'à vous, ne m'est-il pas permis de faire ce que je veux de ce qui est à moy. Dieu fait misericorde à qui il luy plait, & il endurcit qui il luy plait;* concluant de là, qu'il y avoit en Dieu acception de personnes, puis qu'il delivre l'un, & qu'il ne délivre pas l'autre, quoy que souvent dans la même cause ; & souvent même lorsque celuy à qui Dieu donne sa grace, a fait un plus mauvais usage de la liberté, que celuy à qui il ne la donne pas, on leur opposoit l'impenetrabilité des jugemens de Dieu. Sa volonté toujours éclairée & toujours conduite par sa souveraine sagesse. Ce qui au fond n'est point different de ce que je viens de dire, & ce qui suffisoit pour dissiper les vaines raisons de ces temeraires, qui pour soûtenir les merites pretendus de leur nature, étoient reduits à dire qu'elle n'étoit point corrompuë.

*Dem.* A-t'on toujours enseigné que nous pouvons rejetter la grace, & que souvent nous ne consentons pas au bon mouvement qu'elle nous imprime ?

*Resp.* Rien n'est plus constant par la tradition de tous les siecles. Mais comme les saints Docteurs avoient toujours en vûë ces heretiques qui s'apuyoient sur leurs propres forces, & qui pretendoient n'avoir besoin que de la lumiere naturelle pour faire le bien, ils rabaissoient extrememenent le libre arbitre, ils difoient mêmes quelquefois que l'homme l'avoit perdu, qu'il luy falloit une grace puiſſante pour retablir & pour guerir ſa volonté, que cette grace étoit plus forte que celle d'Adam, qu'elle étoit éficace par elle même, qu'elle étoit invincible, qu'elle nous faiſoit perſeverer malgré nos tentations & nos foibleſſes infinies. Ils ne pouvoient trop relever une grace qui ſeule peut remedier au deſordre & à la corruption de la nature. C'eſt pourtant ce qui a fait que bien des gens trompez par ces expreſſions ont jugé que nous ne pouvons rejetter la grace.

*Dem.* Si elle ne nous eſt donnée que pour rompre la dureté de nos cœurs, comment ſe peut-il faire qu'elle ne la rompe pas toujours ?

*Reſp.* Rentrez en vous même, ſoyez attentif à ce qui s'y paſſe; & vous ſentirez que bien qu'il ſoit neceſſaire que la grace previenne nos volontez, que bien que ſans elle nous ne puiſſions faire le bien, que bien que l'impreſſion en ſoit toujours agreable au cœur humain, il eſt pourtant vray que nous pouvons suspendre sur les biens vers lesquels elle nous tourne, & retourner à ceux des sens. C'est que si le saint Esprit forme en nous nos desirs, il ne produit pas pour cela l'acte de nôtre consentement : c'est à la volonté à le produire aprés qu'elle a esté inclinée & determinée par la grace ; & par là vous voyez que la cause du mauvais usage que nous faisons si souvent de la grace ne se trouve qu'en nous.

*Dem.* D'où vient qu'elle n'est pas toujours telle que nous n'en fassions jamais qu'un bon usage ?

*Resp.* Puisque cela ne vient ny de la volonté de Dieu qui veut que tous les hommes soient sauvez, ny de celle de Jesus-Christ qui ne se propose en la distribuant que le salut de ceux qui la reçoivent, il est évident que cela ne peut venir que de la maniere dont elle est distribuée.

*Dem.* Sçait-on quelle est cette maniere ?

*Resp.* Jesus-Christ prie pour tous ceux qui sont renfermez dans le sein de son Eglise, la grace se repand sur eux : mais entre ceux là combien y en a-t-il qui ne sont occupez que des soins de la vie presente, que l'amour des richesses, des honneurs & des plaisirs a enyvrez. Si la grace leur est donnée à tous également, à cause que Jesus-Christ prie pour tous également, il est évident qu'elle ne produira point de fruit dans ceux-cy, pendant qu'elle en produira dans les autres qui n'auront pas le même degré de concupiscence.

*Dem.* Si Jesus-Christ ne prie pas en même tems pour tous, mais seulement pour des hommes d'un certain caractere, qu'arrivera-t-il ?

*Resp.* On ne peut douter que tous ceux là recevant des graces égales, chacun d'eux n'en fasse ordinairement un bon ou un mauvais usage selon la force de la passion qui le domine, d'autant que le pouvoir de suspendre entre les vrays & les faux biens croît ou diminuë toujours selon le degré de cette passion.

*Dem.* Que ferons nous afin que nos passions perdent de leur vivacité & de leur force ?

*La Morale.* 47

*Resp.* Jesus-Christ nous a donné là dessus les exemples & les instructions qui nous étoient necessaires : il nous a montré combien l'usage des biens sensibles est perilleux, il nous a avertis de veiller & de prier, c'est à nous à nous conduire sur ces avis : il laisse après cela servir la nature à la grace ; il imite la conduite de son Pere dans la distribution de ses dons : le plus vigilant en profite. Vous voyez bien que la grace étant une influence qui doit se distribuer dans la suite de tous les siecles, il faut que la distribution s'en fasse selon certaines régles qui conviennent & à Dieu qui la donne, & à Jesus-Christ qui l'obtient, & à nous mêmes qui la recevons.

*Dem.* Quelles sont ces régles je vous prie ?

*Resp.* Ces régles sont que Dieu agisse en cause universelle dont les connoissances sont actuellement infinies ; que Jesus-Christ agisse comme une nature limitée, quoyque parfaitement éclairée & toujours infaillible ; & qu'enfin nous fassions ce qui est en nôtre pouvoir

*Dem.* De ce que Dieu agit en cause universelle, qu'en concluez-vous pour l'ordre de la grace ?

*Resp.* J'en conclus qu'il agit ordinairement en consequence des dispositions d'une intelligence dont il a prevû toutes les pensées & tous les desirs. C'est une maniere d'agir qui convient au scrutateur des cœurs, à celuy qui fait des comparaisons justes de la fin & des moyens ; je vous l'ay assez expliqué.

*Dem.* De ce que cette intelligence est limitée, que s'en suit-il ?

*Resp.* Il s'ensuit que les inconveniens qui se trouvent par raport à nous dans des voyes établies pour nous, doivent être attribuez à sa limitation, qui n'empêche pas neanmoins que Dieu n'execute toujours par ces mêmes voyes le dessein qu'il a formé.

*Dem.* De ce que nous aurons fait ce qui est en nôtre pouvoir, que nous en reviendra-t'il ?

*Resp.* Il nous en reviendra que la grace, ne trouvant point d'empêchement

ment de nôtre part, produira en nous tous les fruits que nous en devons retirer.

*Dem.* Mais y a-t-il quelque chose en nôtre pouvoir sans la grace?

*Resp.* Non sans doute: mais Jesus-Christ en nous donnant des conseils s'est engagé à nous donner la force de les pratiquer, & il est certain que tout homme qui a reçû la foy les pratique autant qu'il veut.

*Dem.* Jesus-Christ n'attire-t-il pas à luy ceux qu'il luy plait?

*Resp.* Si Jesus-Christ prie en particulier pour tel ou tel, c'est par des raisons particulieres. Alors quelque forte que soit la concupiscence de celuy là, il faut qu'elle cede. Car la grace qui luy est donnée est encore plus forte; & nous agissons immanquablement selon ce qui nous *delecte* davantage. Mais ces cas particuliers ne rabattent rien de la certitude de nos principes.

## CHAPITRE IV.

*Ce que Dieu se propose dans l'effusion de sa grace.*

*Dem.* Suffit-il que nous fassions ce qui est en nôtre pouvoir, afin que la grace nous sanctifie ?

*Resp.* Rien n'est plus en nôtre pouvoir que le bon usage du libre arbitre prevenu de la grace, & ce bon usage est ce qui retablit l'homme dans la justice.

*Dem.* Ne se peut-il pas faire que Dieu donne sa grace à un pecheur, seulement afin que ce pecheur veuille se convertir, & non pas afin qu'il se convertisse ?

*Resp.* Non ; cela ne se peut. Car la bonne volonté ou le consentement à la grace est la conversion même. Et une grace au mouvement de laquelle on ne consent pas, est entierement inutile à celuy qui la reçoit.

*Dem.* Mais n'a-t-on pas vû des

*La Morale.*

pecheurs qui vouloient se convertir, & qui ne se convertissoient pas?

*Resp.* Quand un pecheur connoissant son veritable bien, se laisse neanmoins emporter par le poids de la concupiscence, il est certain qu'il ne fait pas l'usage qu'il peut faire de sa liberté prevenuë de la grace. La volonté qu'il a, par exemple, de vivre chastement est tres imparfaite puis qu'il ne devient pas chaste. La grace qu'il reçoit est assez puissante pour changer sa volonté, mais sa concupiscence est trop vive & trop fortifiée par l'habitude : il n'a pas le courage de consentir à cet heureux changement. Les effets contraires de la concupiscence & de la grace sont comme deux volontez contraires, c'est un combat où la concupiscence est victorieuse, mais uniquement par le peu de courage du Combatant, qui ne consent pas autant qu'il le pourroit au bon mouvement de la grace.

*Dem.* D'où vient donc qu'un pecheur qui commence à se convertir, demande encore de secours pour executer son dessein?

*Resp.* C'est que la premiere grace ne se trouvant pas proportionnée à la force de sa concupiscence, l'usage qu'il fait de sa liberté est penible, & qu'il craint de succomber dans le combat où il est contre luy même. Il demande une grace plus forte, parce que c'est le moyen le plus sûr pour rompre les liens qui le captivent & vaincre les efforts de la concupiscence criminelle. Mais conclurre de là que Dieu n'ait pas dessein de le convertir par la premiere grace, c'est n'y vouloir pas penser.

*Dem.* Ne compare-t-on pas Dieu à un Medecin qui traite son malade par degrez ?

*Resp.* Si on ne faisoit que des comparaisons exactes on se tromperoit moins qu'on ne fait. Un Medecin ne peut traiter son malade qu'en faisant les choses l'une aprés l'autre. Mais Dieu peut remedier à tout en même tems, & assurément il nous donne toujours d'abord un remede sufisant pour nôtre conversion, mais qui souvent ne suffit pas par le peu d'effort que nous faisons sur nous mêmes.

## La Morale.

*Dem.* Qu'arrive-t-il donc à une ame qui confent au premier bon mouvement qu'elle reçoit du ciel ?

*Resp.* Au moment qu'elle confent autant qu'elle peut confentir, elle paffe du defordre à la juftice ; & si l'acte de fon amour fe change en habitude, c'eft une juftice qui luy demeure : elle n'eft plus du monde, elle appartient à Jefus-Chrift, elle n'eft pour ainfi dire, avec Jefus-Chrift qu'une même fubftance, en cette qualité elle reçoit de Dieu, fans même que Jefus-Chrift s'en mêle, les fecours neceffaires pour perfeverer dans cet heureux état. Car c'eft une loy de juftice, que le jufte foit fecouru au befoin : & Dieu s'eft engagé à exaucer toujours fes prieres. Mais quelle attention Jefus-Chrift n'a-t-il pas fur cette ame ? Elle fait partie de luy-même. Il ne peut donc pas la perdre de vûë, ny la negliger un moment : mais elle n'eft pas difpenfée pour cela de fe tenir fur fes gardes, l'habitude contraire à fa nouvelle difpofition agit continuellement, & les faux plaifirs n'éteignent que trop souvent les graces qui entretiennent la charité dans le cœur où elles l'ont fait naître.

*Dem.* N'y a-t-il pas des justes que Dieu laisse tomber, afin que leur chûte tourne au bien des justes qui perseverent?

*Dem.* Par la fin que vous attribuez à Dieu, il semble que vous le fassiez l'auteur de la chute des justes qui ne perseverent pas. C'est un écueil: prenez garde. Dieu veut le bien des justes qui perseverent, mais il ne veut la chute d'aucun juste, il souffre seulement qu'ils balancent entre les plaisirs des sens & la douceur de la grace, & qu'ils retournent par choix aux creatures. La chute de celuy qui tombe tourne cependant au bien de ceux qui perseverent. Mais il ne s'ensuit pas de là que Dieu n'ait pas fait tout ce qui pourroit l'empêcher de tomber, il s'ensuit seulement que Dieu conduit son Ouvrage avec tant de sagesse, que des plus grands maux que nous puissions nous faire à nous mêmes, il sçait tirer de tres grands biens.

*Dem.* N'est-il pas vray cependant que Dieu ne laisse perir autant d'ames qu'il en perit tous les jours, que pour donner de la crainte à ses Elus, & de la defiance d'eux mêmes ?

*Reps.* Dieu laisse perir les ames qui veulent se perdre, ou à qui les loix de la nature & de la grace ne se trouvent pas favorables. Croiriez-vous que Dieu eût si peu de moyens pour nous faire naître des sentimens salutaires, que pour cela il fut obligé de perdre des nations entieres, & des creatures mêmes qui n'ont point encore fait usage de leur liberté ? Non. Dieu ne s'aplaudit point du malheur de ses creatures ; il s'aplaudit seulement de l'ordre & de la sagesse de sa conduite. Si qu'elqu'un perit, c'est que Dieu se doit à luy même de ne rien changer dans les voyes qu'il a prises comme convenables à un être infiniment parfait pour l'execution de son ouvrage.

*Dem.* Que Dieu ne laisse point perir les uns pour sauver les autres, ne donne-t-il point quelquefois la grace à des reprouvez pour la sanctification des Elus, pour empêcher par exemple, que la concupiscence de ces reprouvez ne se deborde en des crimes qui seroient prejudiciables aux ames qu'il s'est reservées?

*Resp.* La grace est un don qui de soy n'a pour objet que la sanctification de celuy qui le reçoit; & ce n'est que de l'abus que le pecheur fait de ce don en n'y consentant jamais autant qu'il le pourroit, ou en n'y consentant pas finalement, que la reprobation se tire. Dieu a bien d'autres moyens pour arrêter la malice des reprouvez, sans qu'il soit obligé d'employer à cela ce qu'il peut nous donner de plus precieux & de plus divin. Vous conviendrez sans doute, que comme le bien que Dieu sçait tirer de l'abus des richesses temporelles, n'empêche pas qu'il ne nous les donne precisément afin que nous nous rendions agreables à luy par leur usage; de même quand il nous a donné sa grace, son dessein est qu'elle nous rende saints, quoy que souvent nous empêchions qu'elle ne nous sanctifie, & que par cet attachement au mal nous nous rendions coupables de plus en plus.

## CHAPITRE. V.

*Comment il faut entendre que les uns sont reprouvez, & les autres predestinez.*

*Dem.* TRouve-t'on dans l'idée de l'Etre parfait quelles sont ses dispositions à l'égard de tous les hommes?

*Resp.* Consultez un peu vous même cette idée, & voyez si je dis bien. La nature & la corruption sont égales dans tous les hommes : il ne se peut donc que Dieu ne les aime tous également par raport à leur nature, & qu'il ne les haïsse tous également par raport à leur corruption. Il sauve pourtant les uns & il laisse perir les autres ; c'est le fait. Mais comment Dieu agit-il en cela ? Est-ce simplement par haine pour les uns & par amour pour les autres ? Nullement : cela se contrediroit, puis qu'il les aime & les haït tous également. Le principe de ce choix ou de cette reprobation ne se peut donc trouver que dans l'amour que Dieu se porte à luy-même, amour toujours conduit par la sagesse qui en est inseparable.

*Dem.* Cet amour que Dieu se porte à luy même n'est-il pas la même chose que sa volonté ?

*Resp.* Cet amour est sa volonté, mais c'est sa volonté éclairée. Et comment est-elle éclairée, si ce n'est par une prevision éternelle de tous les raports des effets de l'ordre naturel avec ceux de l'ordre de la grace ?

*Dem.* Comment concevez-vous cette prevision ?

*Resp.* Dieu dans l'enchaînement de toutes les causes naturelles & surnaturelles qu'il a subordonnées, voit les uns commencer heureusement, & finalement tomber, voit les autres dans de longs égaremens & finalement se convertir à luy. Il adopte les uns & reprouve les autres. Cet enfant meurt avant d'avoir reçû le Batême. Ces nations sont detruites avant que d'avoir reçû la lumiere de l'Evangile. C'est un malheureux enchaînement de causes qui a produit ces tristes effets ; & Dieu n'a pas dû le changer, parce qu'il faut que sa conduite ait des régles certaines, & que sa puissance respecte ce que sa sagesse a prevû & comparé. Or comme un heureux concours de causes suppose la grace repanduë selon les prieres ou les desirs de Jesus-Christ & sans aucun merite de nôtre part ; on a raison d'appeller ceux qui se trouvent dans ce concours, *Predestinez, Elus, enfans de la promesse, appellez à être saints, Vases de misericorde destinez à des usages honorables.* Et par une raison contraire, ceux qui ne se trouvent pas dans cet heureux concours, n'ayant que leur propre corruption en partage, meritent d'être appellez, *reprouvez, vases de colere, destinez à des usages vils.*

*Dem.* N'est-il pas aussi raisonnable de dire que Dieu choisit un certain nombre de personnes, & ensuite les moyens propres à les sanctifier, que de dire qu'il choisit les moyens, & ensuite predestine ceux qu'il prevoit en devoir faire un bon usage ?

*Resp.* Tout cela ne se doit point diviser. Dieu d'une simple vûë envisage en même tems & les personnes & les moyens par lesquels les personnes doivent être sanctifiées. Les personnes doivent composer le Temple qui est l'objet de la complaisance de Dieu en Jesus-Christ. C'est donc pour elles que Dieu choisit les moyens. Mais si le Temple qu'elles composent doit être digne de Dieu, les moyens qui les sanctifient doivent aussi en être dignes. D'où il s'ensuit que Dieu ne s'est determiné à tel Ouvrage que sur le raport de la magnificence de ce même Ouvrage avec la majesté des voyes par lesquelles il se doit achever ; & qu'ainsi les Elus doivent entierement au choix de ces voyes ou de ces moyens leur predestination. Qu'ils jugent aprés cela si elle n'est pas gratuite.

*Dem.* Est-ce en ce sens qu'on enseigne que la Predestination de Jesus-Christ est le modele & l'exemplaire de la nôtre ?

*Resp.* Comme l'ame de Jesus-Christ n'a esté predestinée à l'union du Verbe, que parce qu'en conséquence de cette union elle devoit avoir des suites, de sentimens & de pensées plus conformes à tel dessein de Dieu, que tout autre ame unie de la même maniere : de même les vrays Chrétiens ne sont predestinez, que parce que secourus de la grace ils doivent par choix s'unir à Dieu & perseverer dans cette union.

*Dem.* N'y auroit-il point là quelque merite caché dans la creature ?

*Reps.* Il y a du merite de la part de Jesus-Christ, mais du merite aquis par l'union du Verbe à son humanité : il y a du merite de nôtre part : mais du merite aquis par le secours de la grace donnée gratuitement. Dieu peut-il predestiner Jesus-Christ sans avoir égard aux dispositions de son ame dans l'union hypostatique ? Dieu peut-il nous predestiner sans avoir égard aux œuvres qu'il nous fait faire par sa grace & ausquelles il promet la vie éternelle ? Les hommes qui ne peuvent tout prevoir se proposent une fin, & ensuite choisissent les moyens pour y parvenir. Mais Dieu prevoit tout en même tems, il voit d'une simple vûë les moyens avec la fin ; & on n'a pas plus de raison de penser que les moyens ne sont pas compris dans la fin qu'il se propose, que de s'imaginer qu'il agit sans se proposer aucune fin. Il est pourtant decidé qu'il n'y a point de merite dans l'homme, que la nature est impuissante, & qu'elle ne merite que des châtimens ; mais c'est quand il est question d'un merite de justice, ou de la nature consideréé dans le dereglement de la volonté esclave des biens sensibles : en tout autre sens, la nature doit servir à la grace, & elle entre dans l'ordre de la predestination des Saints.

*Dem.* Quelle est, je vous prie, cette nature qui sert à la grace ?

*Resp.* Ce sont les loix de la communication des mouvemens, ce sont les loix de l'union de l'ame & du corps, ce sont les loix de l'union de l'ame avec la raison universelle. Toutes ces loix souvent concourent à faire naître en nous des pensées qui sont des commencemens de conversion dans le tems même que nous songeons le moins à nous convertir. La grace qui seule peut nous convertir trouve par ces mêmes loix de la facilité à le faire: & quant à la perfection de l'Ouvrage de Dieu, il est évident que si les pensées & les desirs d'une intelligence doivent avoir plus de rapport à cet Ouvrage, que les pensées & les desirs d'une autre intelligence, Dieu se servira plutôt de celle là que de celle-cy: non pas que la premiere ait plus de merite que la seconde, mais parce que Dieu doit à sa sagesse de se servir par preference de ce qui a le plus de raport à ses desseins.

*Dem.* Mais toutes les saintes intelligences n'ont-elles pas les mêmes pensées & les mêmes desirs?

*Resp.* Elles ont toutes les pensées également saintes & des desirs également saints: mais elles n'ont pas toutes un même ordre de desirs & de pensées: & il est certain que dans la supposition que Dieu eut plusieurs desseins, l'ordre des pensées de l'une se rapporteroit plus à tel dessein, & l'ordre des pensées de l'autre auroit plus de raport à tel autre dessein : ce qui feroit sans doute que Dieu choisiroit celle-cy pour un dessein & celle-là pour un autre. C'étoit par la même raison que Jesus-Christ dans les premiers tems de son Eglise donnoit aux uns le don de la parole, aux autres le don des miracles, & souvent à des hommes qui n'étoient pas saints: il distribuoit ces dons selon ce qu'il voyoit de plus avantageux pour les fideles, & de plus convenable à la fin qu'il se proposoit.

*Dem.* Pourquoy nous dit-on, que si Dieu sauve les uns & laisse perir les autres, c'est parce qu'il le veut ainsi ?

*Resp.* Que voulez-vous ? On vous dit fort bien. Le detail des évenemens qui concourent au salut des uns & à la perte des autres est impenetrable. On s'en raporte à la profondeur de la sagesse & de la science de Dieu. On reconnoit que ses jugemens sont incomprehensibles, & que les vûës & ses voyes passent infiniment le cercle d'une intelligence aussi bornée qu'est la nôtre. On a raison. Mais aussi n'a-t-on pas tort de faire voir que cette volonté toute puissante & toujours efficace est conduite par la souveraine sagesse, ou par la prevision de tous les évenemens futurs.

*Dem.* En quel sens, par exemple, attribuez-vous la predestination de saint Louis à une bonne volonté particuliere de Dieu envers luy ?

*Resp.* Dieu veut directement & positivement tous les bons effets qui sont les suites de l'établissement des loix de la nature & de la grace. La sanctification de saint Louis est tellement un de ces bons effets, que les loix de la nature & de la grace n'ont esté établies que pour de semblables effets, c'est à dire, pour chacune des personnes dont l'assemblée composera le Temple que Dieu éleve à sa gloire par Jesus-Christ. Donc Dieu a voulu en particulier que saint Louis fut Saint.

*Dem.* Comment ces personnes sont elles entre les mains de Dieu ?

*Resp.* Elles y sont, s'il est permis

de se servir de comparaison, comme autant de blocs de marbre entre les mains d'un architecte ; & elles y reçoivent par les loix établies pour leur sanctification, je veux dire, par les loix de la nature & de la grace, toute la disposition necessaire pour entrer dans l'édifice auquel elles sont destinées. Et comme nulle puissance ne peut changer ces loix, il est évident qu'aucune de ces personnes choisies ne peut perir.

*Dem.* Comment definissez-vous par vos principes la predestination ?

*Resp.* Je la definis comme saint Augustin. *La connoissance éternelle & la preparation des graces & des bienfaits de Dieu qui operent infailliblement le salut de tous ceux qui sont sauvez.* Et il faut convenir que *l'élection ne les a pas trouvez saints, mais qu'elle les a faits Saints,* puisque tout ce qu'ils sont se raporte aux loix de la grace, ou à ce que Dieu de toute éternité a voulu faire en eux par Jesus-Christ.

*Dem.* Cette definition comprend-elle la cause de l'abandonnement des reprouvez ?

*Resp.* Si elle vous fait entendre que Dieu a tellement disposé les avantures de la vie des predestinez, que s'ils s'égarent ils reviennent tôt ou tard à la voix du souverain Pasteur, vous devez aussi concevoir que ceux qui sont laissez dans la masse de corruption, n'y demeurent que parce que les mêmes loix par lesquelles Dieu conduit son Ouvrage à sa perfection, ne leur peuvent être favorables. Dieu en cela ne fait que régler ses demarches sur le plus grand rapport qu'elles peuvent avoir avec sa gloire. Et c'est sans doute le plus juste jugement qu'il puisse porter par raport à luy & à nous.

*Dem.* Dieu ne pouvoit-il pas nous rendre tous heureux, & suivre les loix que sa sagesse luy prescrit?

*Resp.* Quelques voyes que Dieu eût prises en se reglant sur ce qu'il se doit à luy même, il y auroit toujours eu des inconveniens par raport à nous. Et on ne peut douter que Dieu ne soit libre dans le choix des diverses voyes que sa sagesse aprouve également.

*Dem.* N'est-il pas vray en tous sens que Jesus-Christ ne prie point pour le monde, mais seulement pour ceux que son Pere luy a donnez?

*Resp.* Le monde tout corrompu qu'il est, fournit des materiaux à Jesus-Christ pour l'édifice de son Eglise. Et comme ces materiaux ne peuvent être sanctifiez que par ses prieres, il est certain qu'en un sens Jesus-Christ prie pour le monde. Mais parce qu'entre ces materiaux mêmes qu'il a commencé à preparer, il y en a un grand nombre qui ne repondent point à sa charité, & qui semblables à ces pierres cassantes qu'on ne peut ny polir ny façonner, se brisent, pour ainsi dire, entre ses mains, il laisse là ce nombre qui n'est bon à rien & ne s'applique qu'à ceux que son Pere luy a donnez, c'est à dire, qui par la suite des loix de la nature & de la grace, que son Pere a établies, se laissent mettre en œuvre & entrent sans resistance dans ses desseins. Ainsi vous voyez que la charité de Jesus-Christ a la même étenduë que la bonté de Dieu à l'égard de tous les hommes.

Car comme Dieu voulant les sauver, les sauveroit tous en effet, si les voyes que sa sagesse luy prescrit de prendre pour les sanctifier, le luy permettoient; de même Jesus-Christ par la puissance qu'il a de repandre la grace, briseroit la dureté de tous les cœurs s'il ne se trouvoit obligé luy même d'entrer dans les voyes que son Pere s'est marquées, & d'y accommoder la conduite qu'il tient à nôtre égard. Jesus-Christ veut comme veut son Pere; il a entre les mains tous les moyens que son Pere a preparez: il en dispose selon les decrets & les vûës éternelles de son Pere: ou si vous voulez, Dieu a proportionné l'ordre de la nature & celuy de la grace à son principal dessein: il a prevû toutes les suites de ces deux ordres; il a aimé ou reprouvé les hommes selon que les rapports de ces deux mêmes ordres les luy devoient préparer, & ils sont tels ces deux ordres que les attributs divins le demandent. Voilà ce qui nous doit faire prier comme si tout dependoit uniquement de Dieu, & travailler comme si tout dependoit absolument de nous. Voilà ce qui nous doit à chaque moment rassurer ; puisque toutes choses sont sans comparaison mieux disposées, mêmes pour nôtre bonheur, que si nous les avions reglées nous mêmes.

## CHAPITRE VI.

*Ordre de la justification.*

*Dem.* JEsus-Christ prie-t-il pour le monde Payen ?

*Resp.* Afin que Jesus-Christ prie pour nous, il faut que nous le connoissions, il faut que nous ayons reçû sa doctrine & que nous fassions profession de luy apartenir. Avant que nous en soyons là, il peut deputer ses Ministres pour nous appeller à la foy : mais il ne forme point pour nous de ces desirs qui produisent incontinent la grace dans les cœurs.

*Dem.* Chaque grace qu'il produit en nous, peut elle y produire une habitude contraire à celle du peché qui a tant de charmes pour nous ?

*Resp.* *Toutes les graces actuelles étant passageres, & laissant entre elles des intervalles pour les mouvemens de la concupiscence toujours inhérente & obstinée, on ne peut par ces graces produire que des actes, & on ne peut en produire un assez grand nombre pour produire l'habitude sainte qui nous est necessaire. C'est aussi à quoi Jesus-Christ a pourvû par l'institution des Sacremens. Il a attaché à ces signes sacrez la grace habituelle qui nous met dans une disposition constante de preferer Dieu à toutes choses.

*Dem.* N'appartient-il qu'à Jesus-Christ d'instituër des Sacremens?

*Resp.* Puisque ce sont les moyens par lesquels il veut nous communiquer sa justice & sa sainteté, il est évident que luy seul a pû les instituër, puisque luy seul peut connoître les moyens qu'il luy plait de prendre pour agir en nous.

*Dem.* Jesus-Christ ne peut-il pas nous sanctifier sans ces moyens?

*Resp.* Il le peut; mais il a voulu attacher nôtre sanctification à des choses qui établissent entre ceux qui luy appartiennent une union exterieure, & par l'usage desquelles ils puissent faire un aveu solemnel de leur indigence propre, & de sa toute puissance.

*Dem.* Quel est donc l'usage des graces actuelles & passageres?

*Resp.* C'est de nous porter à recevoir les sacremens ou d'entretenir en nous l'habitude sainte de l'amour de Dieu, victorieuse de l'amour habituel des créatures, & puisée dans ses sources salutaires.

*Dem.* Que fait Jesus-Christ de plus pour nous donner cette habitude que pour nous donner la grace actuelle?

*Resp.* Il ne fait autre chose pour nous obtenir l'une & l'autre, que de prier pour nous. Mais il a une volonté constante & perpétuelle de sanctifier ceux qui participent dignement à tout ce qui est de son institution. C'est cette sorte de volonté qui produit la bonne habitude en nous.

*Dem.* Peut on sans être juste participer dignement à ce que Jesus-Christ a institué?

*Resp.*

*Resp.* On peut sans avoir reçu la justice ne mettre pas d'empêchement à l'effet de sa volonté. Elle influë dans les enfans qui n'ont pas l'usage de leur liberté, elle tourne leur ame vers le Ciel ; & par la sainte habitude qu'elle produit en eux elle arrête les effets de la mauvaise qu'ils apportent en naissant, je veux dire, de la concupiscence ou de l'amour des créatures.

*Dem.* La concupiscence subsistant toujours en eux peuvent ils estre agréables à Dieu qui veut qu'on n'aime que luy ?

*Resp.* La concupiscence est une disposition nécessaire & involontaire, la Charité est l'effet d'un acte libre : Elle est libre par conséquent. Or quand dans un cœur il y a deux habitudes contraires, l'une nécessaire & l'autre libre, il est très-certain que Dieu n'a égard qu'à celle qui est libre.

*Dem.* Supposeriez-vous dans les Enfans qui reçoivent la justification, un acte d'amour de Dieu ?

*Resp.* Je ne suppose point ce que je ne sçay pas. Mais qu'on suppose en eux tout ce qu'on voudra, il est certain qu'ils ont après le Baptême la même habitude, que celle qui suppose dans les adultes des actes d'amour quand ils reçoivent les Sacremens.

*Dem.* En quoy faites vous consister la concupiscence?

*Resp.* Dans les traces du cerveau qui nous inclinent à chercher les plaisirs sensibles.

*Dem.* Pourquoy les Sacremens, d'où dépend nôtre sanctification, n'effacent-ils point en nous ce principe de déréglement?

*Resp.* C'est que leur vertu ne s'etend point sur le Corps, & que d'ailleurs il n'est pas à propos qu'ils nous ôtent la matiere du mérite, la vertu se purifie dans l'infirmité, & le sentiment de nos miseres nous lie étroitement à Jesus-Christ, de qui seul dépend nôtre gloire & nôtre bonheur. Donc les Sacremens qu'il a instituez pour nous, ne doivent pas éteindre en nous la concupiscence.

*Dem.* Quelle marque avons nous donc de l'effet qu'ils produisent en nous?

*Resp.* Le bon témoignage de la conscience ; une certaine paix ; une vraye consolation intérieure; on se sent comme déchargé d'un fardeau pesant ; on se sent en état d'aller à Dieu.

*Dem.* Mais n'est on pas toûjours incertain de sa justification ?

*Resp.* Il est vray que personne ne peut sentir si la Charité est dominante en lui, ni par conséquent s'il est digne d'amour ou de haine: Mais fondé sur la parole de Jesus-Christ, vous pouvez, aprés avoir receu le Sacrement dans les dipositions convenables, dire comme saint Paul. *Ce n'est plus moy qui vis, c'est Jesus-Christ qui vit en moi.* Vous avez un sentiment interieur du soin que vous avez pris de vous convertir, & vous sçavez que le Sacrement produit la charité. Donc vous pouvez dire, que vous étes purifié. Mais prenez-garde de ne pouvoir pas le dire long tems.

*Dem.* De ce que nous ne recevons l'habitude de l'amour de Dieu que par le moyen des sacremens, ne s'ensuit-il point qu'on ne peut en mourant être agréable à Dieu, si le sacrement n'intervient ?

*Resp.* Je trouve, je vous l'avouë, qu'il est fort périlleux de mourir sans recevoir les Sacremens. Mais après tout si nous veillons sur nous mêmes, si nous évitons, autant qu'il nous est possible, les objets qui nous corrompent, Jesus Christ ne nous abandonnera pas : il ne changera point l'ordre des loix naturelles pour nous sanctifier par les Sacremens s'il n'y a pas de ministre : mais il veillera sur nous au moment de la mort, il nous donnera la force de l'invoquer, & nous serons sauvez par ses prieres. En un mot, tenons nous fermes à Jesus-Christ, & préférons ses maximes à celles du monde, la mort ne nous surprendra point ; mais que les ames mondaines tremblent, la mort soudaine est pour elles.

---

## CHAPITRE VII.

*Foy en Jesus-Christ : principe unique de la justification.*

*Dem.* L'Homme ne peut-il absolument connoître par

la Raison, combien Dieu est aimable, & l'aimer?

*Resp.* l'Homme tel qu'il est aujourd'huy ne peut par luy même, quelque éclairé que vous le suposiez, vaincre la pente qu'il a pour les objets sensibles. On n'aime point Dieu, quand on ne marche point dans les voyes de la justice ; & ces voyes sont inconnuës à tout homme qui n'a pas reçû la foy.

*Dem.* L'experience ne nous a t'elle pas fait voir le contraire dans un Socrate, dans un Caton : dans un Ciceron, dans un Epictete, dans un Seneque, &c.

*Resp.* Ne prenez pas pour des realitez de vains discours, ny pour une vie juste des apparences de vertu. Ne vous arrêtez pas à ce qu'on vous dit tous les jours des sages du Paganisme. Tenez-vous-en à l'experience de ce qui se passe en vous mêmes, & jugez si sans un secours plus qu'humain vous prefererez jamais les biens de l'ame qui sont la verité & la justice, à la satisfaction des sens ou de l'orgueil, qui est le bien du corps.

Or je vous dis que ce secours depend absolument de la foy en Jesus-Christ.

*Dem.* N'y a-t-il pas des vertus morales auſquelles les Payens ont pû par eux mêmes parvenir ?

*Resp.* Sans amour de l'ordre il n'y a point de vertu ; & l'amour de l'ordre est la même chose que la charité, où l'on ne peut parvenir que par Jesus-Christ.

*Dem.* La prudence, la justice, la force, la temperance, ne sont elles pas diferentes de la charité ?

*Resp.* Toutes ces vertus ne sont que l'amour de l'ordre qui s'exerce diversement. *La prudence* est l'amour de l'ordre, qui consulte pour ne se pas meprendre dans son choix. *La justice* est l'amour de l'ordre, qui traite chaque chose selon son prix. *La force* est l'amour de l'ordre qui resiste aux sentimens de la concupiscence, & que nulle dificulté ne peut arrêter. *La Temperance* est l'amour de l'ordre qui prend de justes mesures, & qui se proportionne à tous les esprits pour les faire tous entrer dans les voyes de la justice. Jugez maintenant si cet exercice d'amour est different de la charité.

*Dem.* L'amour de l'ordre n'a-t-il pû se trouver dans les Payens ?

*Resp.* Il s'y est trouvé ; mais il n'y a point esté & il n'y a pû estre dominant ; les sentimens de la concupiscence, de la volupté, ou de l'orgueil s'y sont opposez. Encore un coup, éprouvez par vous même ce que peut vôtre raison contre ces sentimens. Vous voyez bien qu'elle devroit les bannir : mais vous sentez bien qu'elle ne les bannit pas, & qu'ils en demeurent toujours vainqueurs.

*Dem.* La liberalité, & le desinteressement par lequel tant de Payens se sont signalez, n'auroient ils encore esté que des phantômes ?

*Resp.* Le desinteressement & la liberalité sont les suites necessaires du mepris des biens du corps & de la fortune. Mais si ce mepris est veritable, il ne peut estre que l'effet de l'amour agissant de l'ordre. Voicy en quoy on se trompe, prenez y garde : on juge que de beaux dehors ne peuvent partir que d'un dedans bien reglé ; c'est le plutôt fait. On ne s'avise pas de distinguer des choses qui paroissent inseparablement unies. Cependant on peut s'abaisser sans être *humble*. On peut souffrir sans être *patient*. On peut donner, ou ne pas recevoir, sans être ny *liberal* ny *desinteressé*. Sans humilité, sans patience, sans desinteressement, où est le mepris des biens, du corps & de la fortune ? Sans ce mepris, où est l'amour de l'ordre ? Sans cet amour que peut on faire de juste par preference à tous les objets des passions ? Sans cette preference où est la vertu ?

*Dem.* Tant de beaux sentimens que nous voyons dans les Payens que j'ay nommez pourroient-ils venir d'ailleurs que de l'amour de l'ordre ?

*Resp.* Ils en supposeront l'amour tant qu'il vous plaira ; ce n'a point esté un amour dominant, & livrez qu'ils étoient par leur corruption naturelle aux sentimens de la concupiscence ils n'en ont pû avoir qu'une connoissance confuse & chancelante. Ainsi le principe commun de leurs pretenduës vertus n'étoit que disette ou abondance d'esprits animaux, telle ou telle disposition de cerveau, tel ou tel tour d'imagination; jeu de machine tout pur. S'ils ont fait quelque chose par amour de l'ordre, cet amour que l'homme ne peut perdre entierement, ça esté si peu de chose & si peu au prejudice de la concupiscence, que s'ils en étoient demeurez là, on ne se seroit jamais avisé de les appeller *vertueux*. Leur orgueil les seduisoit. Ils se donnoient pour des Heros, & ils étoient les plus foibles & les plus corrompus de tous les hommes.

*Dem.* Peut-on faire de bonnes œuvres & demeurer dans cet état?

*Resp.* Quoy que Dieu soit toujours offensé par le mauvais principe qui nous fait agir & par la mauvaise fin que nous nous proposons, il ne s'ensuit pas que tout ce qui part de ce principe & tend à cette fin soit mauvais en soy. Tout ce qui est utile à la societé, tout ce qui produit directement un bien n'est point mauvais; & nous sçavons que plusieurs Payens se sont rendus utiles aux autres. Or peut donc faire de bonnes œuvres & être abominable devant Dieu. Ce sont de bonnes œuvres pour les autres & non pas pour soy même ; des œuvres bonnes pour la societé, mais parfaitement inutiles pour le salut.

*Dem.* Ces sortes d'œuvres ne sont elles suivies d'aucune recompense de la part de Dieu ?

*Resp.* Dieu ne recompense que ce qui part de l'amour de l'ordre ou de la justice. Mais l'homme quelque corrompu qu'il soit, ne pouvant être sans quelque degré de cet amour, peut faire quelque action qui s'y raporte, s'il arrive quelque moment où les objets de ses passions ne se presentent pas à luy trop vivement ; & alors il merite quelque chose qu'il obtient toujours, quelque bien temporel convenable à la qualité de son action.

*Dem.* Mais sera-t-il damné pour n'avoir pas fait l'impossible, pour n'avoir pas fait ce qu'on ne peut faire sans la grace qu'il n'a pas reçuë ?

*Resp.* Il sera damné pour avoir fait mauvais usage de sa liberté, & sa peine sera proportionnée à ce mauvais usage. Qu'il fasse tout le bon usage qu'il peut de sa liberté, il n'a rien à craindre, Jesus-Christ sçaura bien le trouver. Mais en avez vous connu quelqu'un en qui la raison ait fait effort contre les sens & l'amour propre ? Vous sçavez que la douceur qu'on éprouve à suivre les mouvemens de la concupiscence, nous en empêche ; & vous devez sçavoir, que selon la providence qui conduit l'ouvrage de Dieu, nous ne pouvons recevoir tous & en tous tems l'attrait qui nous fait preferer l'ordre à nous mêmes.

*Dem.* Pourroit-on être assez rempli de l'amour de l'ordre pour n'agir jamais par un autre principe ?

*Resp.* Comme il n'y a point de pecheur qui n'ait quelque amour de la justice & qui n'en fasse quelque action : il n'y a point aussi de justice qui ne cede quelquefois à l'amour propre & aux attraits des creatures. Alors ce n'est pas malice, c'est foiblesse & infirmité ; Dieu n'y a pas égard. La charité dominante dans un cœur couvre cette foiblesse; & le juste peut en tirer de nouveaux sujets de s'humilier & de recourir à son Auteur.

*Dem.* L'amour propre est-il mauvais en tous sens?

*Resp.* L'amour propre est le grand ressort des actions humaines. Il se trouve par tout, & ordinairement il gâte tout. Mais cela n'empêche pas qu'il ne puisse avoir un bon usage & servir à la pratique de la vertu. Car si voulant être heureux, je sçay qu'il faut aimer Dieu à cause de ses perfections infinies, je m'uniray à Dieu, & à la veuë du bonheur qui depend de luy seul, je m'uniray à luy de plus en plus. L'amour propre qui n'est autre chose que le desir d'être heureux, produit là un bon effet.

*Dem.* N'est-ce point mettre sa fin en soy même que d'aimer Dieu pour être heureux?

*Resp.* Prenez garde que j'aime Dieu pour luy-même, & que le desir d'être heureux n'est pas le principe, mais le motif de mon amour.

*Dem.* Quel en sera donc le principe?

*La Morale.*

*Resp.* Ce sera la grace de Jesus-Christ sans laquelle nous ne pouvons aimer Dieu par preference à toutes choses, à cause du poids funeste qui nous abaisse continuellement vers les objets sensibles. Ce qui vous fait assez voir l'aveuglement de ceux qui vous donnent l'amour propre pour fondement de la Morale, & non pas l'amour de l'ordre.

*Dem.* Ne pourroit-on pas se tirer d'affaires par la distinction d'amour propre aveugle, & d'amour propre éclairé ?

*Resp.* On abuse étrangement de cette distinction. Plusieurs ne donnent pour objet à l'amour propre éclairé que la santé du corps ou une vaine reputation : ils confondent la Morale avec la Medecine, ou avec l'art de contenter l'orgueil. Si distinguant l'ame d'avec le corps vous laissez là les biens qui perissent pour chercher ceux qui durent toujours, vous vous aimez selon le bon sens, vôtre amour propre est éclairé. Mais c'est toujours le plus funeste aveuglement que de se borner aux biens du corps ou de la vie sensible de quelque maniere qu'on les regarde.

*Dem.* D'où vient qu'on fait tant de mauvaises distinctions d'amour propre, de vertu, & de raison dans la Morale?

*Resp.* C'est que les hommes veulent de la grandeur, sans reconnoître leur foiblesse, leur impuissance, leur dependance: ils veulent ne la devoir qu'à eux mêmes cette grandeur, & la tirer de leur fond. Ils sentent assez combien elle est chimerique: mais ils en aiment la chimere: & pour s'en repaître sans scrupule, ils luy donnent une raison humaine pour principe, laissant à la raison divine à les detacher d'eux mêmes. On voit assez qu'en tout cela ils ne cherchent qu'à se faire une illusion; puisque de quelque maniere qu'on considere l'homme, il est indispensablement obligé de tourner toutes ses pensées & tous ses mouvemens vers son Createur, d'être soumis à l'ordre de sa providence, d'agir par une dependance continuelle: il n'est pas moins visible, que sans cette disposition quelques beaux dehors qu'il presente, quelque moderation qu'il affecte, il ne suit point l'ordre; & par conséquent qu'il n'a point de vertu. Mais souvenez-vous que cet ordre ne se trouve qu'en Jesus-Christ, la raison incarnée. Les Payens l'ont cherché en eux mêmes, au lieu de le chercher dans la raison universelle des esprits, & pourtant il n'a pas laissé, comme vous avez vû, de se decouvrir à eux par quelque endroit; mais nous n'y serions jamais rentrez, nous ne l'eussions jamais assez connu, si Jesus-Christ ne nous en avoit retracé les voyes, & ne nous avoit donné sa grace pour nous le faire observer; je veux dire, qu'il a fallu que la raison éternelle se soit mise à nôtre portée, se soit incarnée pour nous ramener d'une maniere sensible, nous qui ne faisons usage que de nos sens, à la verité & à la justice. Les ennemis de la Religon nous disent qu'il ne faut que faire de bonnes œuvres pour meriter le ciel. Ils ont raison, & on ne leur demande rien davantage. Mais si par nous mêmes nous ne pouvons faire ces bonnes œuvres, ne faut-il pas que nous en cherchions les moyens hors de nous. Laissez faire cet homme qui veut être juste par luy-même. Vous allez voir une justice bien entenduë.

*Dem.* Tant de mysteres qu'on nous propose, n'ont ils pas quelque chose de trop embarrassant?

*Resp.* Il ne faut point chicaner par l'incomprehensibilité des Mysteres que la Religion nous propose. Ils sont incomprehensibles à l'esprit humain; mais la distribution de la grace les supose; & la grace étant aussi réelle & aussi necessaire que je vous l'ay fait voir, on ne peut que par stupidité douter de la realité des Mysteres. Je vous en ay montré ailleurs la convenance avec nôtre état. & je vous dis encore icy, sans Religion point de raison, sans charité point de vertu. Sans Jesus-Christ, tenebres épaisses, corruption deplorable dans tout ce qui paroit de plus éclatant à nos yeux.

## CHAPITRE VIII.

*Nos devoirs en conséquence de la puissance, de la sagesse & de la bonté de Dieu. La Loy & l'Evangile ne tendent qu'à nous rappeller à la raison.*

*Dem.* Comment m'y prendray-je pour découvrir ce que je dois à Dieu, aux autres hommes & à moy même ?

*Resp.* Elevez-vous au dessus des sens, & consultez la Loy qui vous dit au fond du cœur : Il faut, & il ne faut pas : vous apercevrez l'ordre que vous devez suivre.

*Dem.* Y a-t-il quelque différence entre l'ordre & cette Loy qui parle au cœur.

*Resp.* L'ordre & la loy sont la même chose. Quand on suit l'Ordre, on accomplit la Loy.

*Dem.* Par l'Ordre ne pourroit on point entendre la subordination des chrétiens.

*Resp.* On le peut ; mais pour sçavoir que les êtres sont subordonnez, il faut s'élever aux idées qui nous les représentent. Or le plus ou le moins de perfection qu'on découvre dans ces idées, c'est à dire le plus ou le moins de rapport qu'elles ont à l'être infiniment parfait, est ce que nous devons appeller l'Ordre; la source & le principe de toute subordination extérieure?

*Dem.* Jusqu'où cet ordre peut il nous conduire?

*Resp.* Il nous conduit à toute la perfection dont nous sommes capables : il nous rend semblables à Dieu. Car enfin Dieu n'est saint & juste que parceque connoissant précisément le dégré de perfection de chaque être, dans les idées qui les lui représentent tous, il aime chacun d'eux précisément selon qu'il est plus ou moins parfait.

*Dem.* Pouvons nous découvrir ce que Dieu aime le plus?

*Resp.* Il est évident que Dieu ne connoissant rien plus parfait que lui même il s'aime plus que toutes choses, & qu'il ne peut rien faire que pour lui même. Aussi sçavons nous que comme sa puissance nous a donné & nous conserve l'être, c'est aussi sa sagesse qui nous éclaire, & son amour qui nous anime pour le bien. D'où il s'ensuit évidemment que Dieu ne nous a fait que pour lui même, son amour ne pouvant pas avoir un autre objet.

*Dem.* Quels sont nos devoirs en consequence de la puissance divine ?

*Resp.* Si nous ne vivons que par l'action continuelle de Dieu en nous, il est évident que nous lui devons tous les mouvemens de nôtre vie ; s'il est le seul moteur & le seul conservateur de toutes choses, il est évident que nous ne devons nous appuyer que sur lui. Si la puissance reside en lui seul, s'il peut seul nous rendre heureux ou malheureux, il est évident que nous ne devons craindre & aimer que lui.

*Dem.* Mais pouvons nous ne pas craindre ce qui paroît terrible, & ne pas aimer ce qui nous paroît aimable ?

*Resp.* Les premiers mouvemens d'amour ou de crainte par rapport à des objets flateurs ou menaçans n'étant pas en nôtre pouvoir ne nous rendent pas coûpables; mais nous le devenons au moment que prenant ces objets pour capables d'agir en nous, nous leur adressons les mouvemens d'un cœur que Dieu n'a fait que pour luy.

*Dem.* Les puissances extérieures ne peuvent elles avoir prise sur nous ?

*Resp.* De quelque nature que vous les supposiez, leur action se termine au corps, & ce n'est que par les sentimens de l'ame que nous sommes heureux ou malheureux. Dieu se sert des créatures pour agir en nous, mais c'est lui seul qui agit; & par conséquent c'est sa bonté seule qui est aimable, & sa justice seule qui est terrible. De ce principe dépend le courage & la grandeur d'ame. Tout effraye, tout enchante un cœur qui n'en est pas pénétré : les creatures l'occupent : C'est un mercenaire, c'est un esclave, quelque constance & quelque fermeté qu'il affecte.

*Dem.* Peut on obeïr sans craindre ou aimer ceux à qui l'on obëit? peut on s'approcher ou s'eloigner de quelque objet que ce puisse être, sans craindre ou aimer cet objet ?

*Resp.* On le peut si l'on connoit Dieu. On s'approche ou l'on s'éloig-

## La Morale.

ne des objets sensibles par le mouvement du corps ; mais les mouvemens de l'ame sont reservez pour Dieu seul. On se soûmet à la créature, mais on n'obeit qu'à la raison.

*Dem.* Ne faut il pas obeir à certaines personnes que souvent la raison ne conduit pas ?

*Resp.* Il le faut, j'en conviens ; Mais la raison voulant qu'on se soumette à leurs ordres tout injustes qu'ils sont, en ce cas même on obeit à la raison.

*Dem.* Mais une soumission qui n'est accompagnée ni d'amour ni de crainte, peut elle contenter celui qui a droit de nous commander.

*Resp.* Pourquoy ne s'en contenteroit il pas, si l'on suit exactement ses ordres, & si l'on est devant lui dans la posture que demande son caractere ? au fond nos dispositions intérieures ne le regardent pas. Mais supposé qu'il y ait égard, où trouvera-t-il un fondement plus solide de la soumission & de l'obeïssance qu'il exige, que l'amour & la crainte de l'être éternel qui veut qu'on obéïsse aux puissances qu'il a établies pour l'ordre de la vie humaine? Que les hommes sont insensez ? Ils veulent qu'on les craigne & qu'on les aime comme s'ils étoient quelque chose par eux mêmes. Ils demandent les mouvemens d'un cœur qui n'apartient qu'à celui qui l'a fait ; & pour vouloir tout emporter, ils éprouvent à chaque instant que tout leur échape.

*Dem.* Dieu n'exerçant la puissance que par les créatures, n'auroit il point voulu nous faire entendre que nous devons nous attacher à elles.

*Resp.* Nullement, les créatures sont assez honnorées de servir aux desseins de Dieu. Si Dieu agit par elles, c'est afin que son action marque mieux ce qu'il est, c'est pour en recevoir plus de gloire ; & non pas pour leur transporter ses droits.

*Dem.* Ne pourroit on point honorer la puissance de Dieu en tirant des créatures tout ce qu'il veut bien produire par elles ?

*Resp.* Quelque usage que nous fassions des créatures, la puissance de Dieu s'exprime par elles, & Dieu est toûjours glorifié. Mais si dans l'usage que nous faisons de cette puissance nous ne regardons que nous mêmes, si nous donnons à nos passions ce qu'elles demandent, & si nous ne faisons nul sacrifice volontaire, par où marquerons nous nôtre dépendance, & que pouvons nous attendre d'une telle conduite ? pensés-vous que Dieu fasse croître les esprits, qu'il fasse fleurir les vignes, & charge les arbres de fruits, afinque les hommes s'occupent de recoltes, soûpirent après le vin ? est-ce parceque nôtre sensualité n'a point de bornes, que sa puissance est si féconde, & sa main si liberale ? où n'est ce point pour nous apprendre ce qu'il est, & nous donner occasion de faire voir ce que nous sommes ?

*Dem.* Comment accordez-vous en l'homme le pouvoir de faire ce qu'il luy plaît, avec l'obligation de ne faire que ce que Dieu veut ?

*Resp.* C'est que si Dieu nous donne le pouvoir d'employer, comme il nous plaît sa puissance, il est juste que nôtre plaisir soit de l'employer selon ses intentions. De nous mêmes nous ne pouvons rien faire, c'est non seulement par l'efficace de la puissance divine que nous agissons, c'est encore par l'impression de la volonté de Dieu que nous voulons. Donc nous ne devons rien faire ni vouloir que selon la loy divine. Tout autre usage de la puissance qui agit en nous, est un usage profane; & profaner ce qu'il y a de plus sacré est l'excez du sacrilege. Jugez sur ce principe de l'état des hommes qui passent dans le jeu, dans la débauche, dans des entretiens frivoles, dans le soin de leur corps, une vie dont chaque moment leur est donné par une puissance qui les appelle à la recherche des vrays biens.

*Dem.* Quels sont nos devoirs en conséquence de la sagesse éternelle?

*Resp.* On peut considérer la sagesse de Dieu ou comme la lumiere sur laquelle il forme tous ses desseins & regle toute sa conduite, comme une lumiere par laquelle il nous éclaire & le reste des intelligences; ou comme l'ordre même qui se trouve dans sa maniere d'agir. Nos devoirs en conséquence de la conduite que
Dieu

*La Morale.*

Dieu tient dans le gouvernement du monde, sont d'y accommoder la nôtre, de ne rien négliger pour éviter les maux qui nous menacent, de travailler pour avoir les choses nécessaires à la vie, de voir sans émotion la prosperité des méchans, & les adversitez des gens de bien.

*Dem.* Une grande confiance en Dieu ne vaut elle pas bien nos soins & nôtre travail?

*Resp.* Elle vaut infiniment mieux, mais elle ne les exclut pas : au contraire la confiance suppose le travail comme le travail suppose la confiance. Celuy qui ne s'appuye que sur son travail est un superbe qui s'atribuë la puissance. Celui qui le dédaigne est un téméraire qui ôte à Dieu la sagesse, qui veut faire à Dieu la loi, & lui prescrire l'ordre de sa conduite. C'est que Dieu pour la distribution & des biens & des maux, s'est fait des régles qu'il ne change point, & auxquelles il est juste que nous nous accommodions.

*Dem.* Mais pourquoy par ces régles accabler un juste, & élever un impie?

*Resp.* C'est que pour le juste il y a d'autres biens que ceux de la vie présente, & que l'accablement où il est, l'approche de plus en plus de cette sorte de biens.

*Dem.* Cependant, Dieu ne promet-il pas aux justes les biens de cette vie ?

*Resp.* Il les promettoit aux observateurs de la loy qu'il donna par Moïse; mais il n'en est point parlé aux enfans de la loy nouvelle. Leurs biens sont dans leur cœur & dans le sein de Dieu: ce sont des biens inconnus aux yeux de la chair.

*Dem.* Pourquoi donc nous dit-on tous les jours que la prosperité du juste est l'effet de sa pieté ; & que les impies n'attirent sur eux que des malheurs visibles ?

*Resp.* C'est le peuple qui le dit ainsi ; & quoiqu'il dise mal, il vaut mieux dans l'impuissance où il est de mieux penser, qu'il ait cette idée de la conduite de Dieu, que s'il croioit que tout se fait au hazard: par là du moins il reconnoît sa dépendance & la justice du Créateur. Il est vrai que les impies, dont tout le fort est dans les opinions populaires, tirent de là des argumens contre la Providence, qui en effet mesurée sur ces succez des justes & des impies paroît inégale & injuste: mais ce n'est pas au peuple à leur répondre, il est dispensé de raisonner, & il suffit qu'il vive dans la crainte & dans l'humilité devant son Dieu ; c'est à vous, c'est aux philosophes à prendre des idées justes de la providence, & à confondre ses ennemis. Nous avons assez vû quelles sont ces idées & comment la bonté, la sagesse & la puissance de Dieu se justifient dans tout ce qui se passe parmi les créatures ; souvenons nous seulement que nous avons d'autant plus d'interêt à nous affermir dans la foy de la providence, que de cette foi dépend nôtre consolation parmi les maux de la vie presente, qu'elle est le fondement d'une vie raisonnable; & que pour peu que nous en perdions le souvenir, nous tombons dans un déreglement général de sentimens & de pensées.

*Dem.* Regarderiez-vous encore

comme un langage populaire de dire que les biens de la vie présente sont tout-à-fait mal partagez ?

*Resp.* On ne parle de cette sorte, que parcequ'on ne connoit pas les vrais bien. Que trouve t'on de défectueux dans le partage des terrestres : ils ne sont pas pour les justes ; mais les justes en attendent qui valent mieux & ils ne se plaignent pas.

*Dem.* Les biens de la terre ne seroient-ils que pour des méchans ?

*Resp.* On peut les posséder & être juste ; mais comme vous verrez ailleurs, on ne peut être juste & y attacher son cœur. Cependant on louë & on approuve souvent celuy qui n'en cherche point d'autres, mais c'est prendre la fausse sagesse pour la véritable, c'est ne pas distinguer l'honnête homme. Ainsi, regardez les biens de la vie comme parfaitement bien partagez ; ils ne sont pas pour tous ceux qui les aiment : ce n'est pas un grand inconvenient ; & on ne les desire & les obtient que parcequ'on n'en mérite point d'autres

*Dem.* Quels sont nos devoirs en

conséquence de la sagesse qui nous éclaire ?

*Resp.* Si nous ne sommes que tenebres à nous mêmes ; ou si nous ne découvrons le *vray* & le *faux*, & le *juste* & l'*injuste* qu'à la faveur de la lumiere que Dieu tire de son propre sein, & qu'il presente à nos esprits, il est évident que nous devons luy rapporter toutes nos connoissances.

*Dem.* Qu'est-ce que raporter à Dieu nos connoissances ?

*Resp.* C'est s'appliquer à le connoître, c'est rejetter toutes les études qui peuvent nous éloigner de luy. Sans cette pratique on peut dire qu'on luy rapporte tout ; mais en effet on ne luy raporte rien. L'esprit s'évapore dans de vaines spéculations, il se laisse seduire par l'imagination, & le cœur demeure tout corrompu.

*Dem.* Quels sont nos devoirs en conséquence de l'amour que Dieu nous imprime pour le bien ?

*Resp.* Cet amour n'étant point different de celuy que Dieu se porte à luy-même, n'étant que l'impression de sa volonté sur nous, il faut que nous cherchions la perfection avant le bonheur, il faut que nous passions toutes les creatures pour nous unir à luy. Car c'est sa volonté que nous soyons parfaits, il ne veut nous rendre heureux qu'à cette condition.

*Dem.* Comment ferons nous pour nous rendre parfaits ?

*Resp.* Nous adresserons à Dieu toutes nos pensées & tous nos desirs; nous luy rapporterons toutes nos œuvres.

*Dem.* Qu'est-ce que raporter toutes ses œuvres à Dieu ?

*Resp.* C'est s'occuper de ses perfections autant qu'on le peut, c'est avoir une volonté constante de ne s'écarter jamais de l'ordre de la justice, de n'aimer que ce que Dieu aime, de n'approuver que ce qu'il approuve. Sans ces dispositions on dit qu'on donne son cœur à Dieu; & il demeure livré au monde. On dit qu'on veut adorer Dieu & le servir; & on viole actuellement sa loy en toutes les manieres que la corruption inspire.

*Dem.* Si tous ces devoirs nous sont prescrits par la raison qui est nétre lumiere naturelle, d'où vient que Dieu nous a fait encore un commandement exprez de l'aimer & de le servir ?

*Resp.* Quand Dieu a fait des creatures intelligentes, il n'a pû se dispenser de leur faire connoître leur origine, leur état, & leur fin : elles ont donc connu leur dependance & la necessité de demeurer inviolablement unies à leur Auteur. Cette connoissance n'a pas empéché qu'elles ne se soient révoltées ; & cette revolte a fait qu'elles se sont entierement méconnuës : elles n'ont plus sçû deslors à quoy elles étoient destinées ; & croïant tirer de leur propre fond la lumiere & le mouvement vers le bien, elles ont crû aussi se suffire à elles mêmes. Le Createur qui ne vouloit pas les laisser perir dans cet aveuglement, leur retraça la loy qu'elles avoient violée, il la leur mit devant les yeux. C'étoit pour suppléer en elles la lumiere qu'elles ne consultoient plus.

*Dem.* La loy écrite exprime-t-elle exactement tout ce que la lumiere naturelle nous prescrit ?

*Resp.* Très exactement. S'il faut aimer Dieu comme la loy nous l'ordonne, nous ne nous suffisons pas à nous mêmes. S'il faut l'aimer, il faut s'appliquer à le connoître : s'il faut l'aimer de toutes nos forces, il faut ne vouloir connoître que luy, & ne s'occuper que de luy ou que pour luy. Et cela ne doit être ainsi, que parce que nôtre bonheur & nôtre perfection dependent absolument de luy. Voilà les hommes rappellez à l'ordre éternel de la justice. Mais par l'effet le plus étrange du peché, les hommes ont reçû la loy & ils n'en ont point compris le sens, ils ont rendu paroles pour paroles. A la loy d'aimer Dieu, ils ont comme repondu *aimons Dieu* : & ils ont toujours suivy leurs voyes.

*Dem.* Ne valoit-il pas autant les laisser abuser de la lumiere naturelle, que de leur donner un remede qui ne les guerissoit de rien ?

*Resp.* Il falloit les convaincre de leur aveuglement & de leur impuissance : sans la loy ils n'en pouvoient être convaincus : & sans cette conviction ils eussent esté moins propres à recevoir l'Evangile, qui non seulement les remet sur les voyes de la raison ; mais encore qui leur fait mettre en pratique ce que la raison prescrit.

*Dem.* En quoy trouvez-vous que l'Evangile s'accorde si parfaitement avec la raison ?

*Resp.* En ce que l'Evangile n'a point d'autre but que de nous faire adorer Dieu en esprit & en verité.

*Dem.* Qu'est-ce qu'adorer Dieu en esprit ?

*Resp.* C'est reconnoître que la puissance ne reside qu'en luy, & que nous ne sommes que foiblesse ; qu'il est la source de toute lumiere, & que nous ne sommes que ténebres ; qu'il est tout saint, & que nous sommes tout profanes, que nous ne pouvons nous porter au bien, que par l'impression de sa volonté en nous.

*Dem.* Qu'est-ce qu'adorer Dieu en verité ?

*Resp.* C'est n'oser s'approcher de luy, que par un Mediateur qui luy soit agreable ; c'est dans le sentiment de nôtre corruption & de nôtre in-

Ev

dignité ne se presenter devant sa majesté divine que par Jesus-Christ. C'est aimer tous les hommes comme nos freres, & preferer Dieu à toutes choses. Ce sont là les jugemens de l'esprit & les mouvemens du cœur par lesquels Dieu veut être adoré, ce sont les seuls qui repondent à sa grandeur & à nôtre état. La lumiere naturelle ne nous le dit pas moins que l'Evangile. Sans ces jugemens & ces mouvemens interieurs la Religion est vaine, la Morale est fausse, on n'adore que les phantômes de son imagination.

## CHAPITRE IX.

*La necessité & l'usage du Culte exterieur. Sainteté de l'Eglise.*

*Dem.* Dieu ne voulant être adoré que par les jugemens de l'esprit & par les mouvemens du cœur, à quoy servent tous des mouvemens exterieurs, toutes ces decorations & toutes ces pratiques qu'on prétend employer pour sa gloire ?

*Resp.* Les hommes dependent de leurs corps, vous le sçavez. Ils ont donc besoin pour parvenir au culte spirituel, d'un culte exterieur & sensible. Ce culte a un usage general & des usages particuliers.

*Dem.* Quel est son usage general?

*Resp.* C'est de nous exciter à recevoir dans les meilleures dispositions qu'il nous est possible, les signes sacrez ausquels vous avez vû que Jesus-Christ a attaché la grace d'où depend nôtre justification, & par suite le culte spirituel, ou l'adoration en esprit & en verité.

*Dem.* Dieu n'auroit-il pas operé d'une maniere plus simple nôtre sanctification, s'il nous eut donné la grace immediatement par luy même & suivant les besoins où il nous trouve, sans se servir de tous ces moyens ?

*Resp.* Suivez-moy. En découvrant l'ordre de la nature, vous apercevrez l'œconomie de la Religion, & les raisons du culte exterieur. Dieu pouvoit donner aux ames toutes leurs idées, & produire en elles tous leurs sentimens sans les unir à des corps. Cependant il a créé conjointement les deux substances, & les a unies pour agir dans l'une à proportion de ce qui se passe dans l'autre. Il l'a voulu ainsi, parce que cette conduite porte qu'il a prevû la suite de tous les mouvemens de l'une, & de toutes les pensées, aussi bien que de tous les sentimens de l'autre. En cela il a pretendu agir selon ce qu'il est, en être souverainement intelligent & souverainement sage, qui a tout comparé, & qui conduit tout à la fin qu'il se propose. Suivant cette premiere institution, Jesus-Christ a dû établir des hommes qui exerçassent son ministere aprés sa mort, & par lesquels il transmit sa Doctrine dans tous les siecles selon les loix de l'union de l'ame & du corps. Or il est certain que l'exercice d'un Ministére si saint a dû être accompagné de tout ce qui peut en faire sentir la sainteté, & à ceux qui l'exercent & à ceux pour lesquels il est exercé. De là sont venuës comme par degrez ces diverses ceremonies, & ces differentes decorations que vous voyez dans les assemblées où l'on reçoit la parole de Jesus-Christ. Tout cela tend à nous faire recevoir dignement cette sainte parole & les mysteres augustes par lesquels l'Esprit de Jesus-Christ influë en nous. L'ame frappée par des beautez sensibles, élevée ou rabaissée par les objets qui agissent sur les organes, & qui se raportent aux Mysteres actuellement celebrez, desire les biens de l'éternité, & entre dans les sentimens de crainte ou de confiance qui luy conviennent.

*Dem.* Quels sont les usages particuliers du culte exterieur ?

*Resp.* C'est premierement d'exprimer nos dispositions interieures. 2. De nous mettre dans la posture où nous devons être devant Dieu.

*Dem.* Ne sufit-il pas que Dieu connoisse nos dispositions interieures sans qu'il soit necessaire que nous les exprimions au dehors ?

*Resp.* Si nous ne les exprimions pas, comment distingueroit-on ceux qui vivent dans la société que Jesus-

Christ a formée d'avec ceux qui ne le reconnoissent pas pour leur Chef, ou qui ne suivent pas la voye par laquelle il nous transmet sa parole ? Comment distingueroit-on ceux qui desirent les vrays biens d'avec ceux qui bornent leurs esperances à la terre ?

*Dem.* Croyez-vous que tous ceux qui flechissent le genou s'humilient toujours devant Dieu ?

*Resp.* J'avouë que souvent les hommes abusent du culte exterieur, que leurs dispositions interieures sont rarement d'acord avec leur langage & leurs prosternemens. Mais l'hypocrite tout corrompu qu'il est, ne peut suspendre les loix de l'union de l'ame & du corps. Son ame dans son hypocrisie a malgré qu'il en ait des sentimens par raport à ses infirmitez, à sa dependance, à sa puissance, & à la sainteté de Dieu ; elle éteint ces sentimens ; ils passent incontinent, ils ne luy servent de rien, elle court à d'autres objets qu'à ceux qui luy sont actuellement proposez. Mais la loy par laquelle Dieu se fait sentir a eu son effet. L'hypocrite se perd, & pourtant il reconnoît Dieu pour ce qu'il est. Pourquoy pensez-vous que Dieu exigeoit des Juifs un culte auquel il sçavoit bien que le cœur ne repondoit pas ? Pourquoy tant de sacrifices qui semblent n'avoir eu aucune proportion avec sa sainteté ? C'est que par là du moins il s'assujetissoit les esprits : c'est que le sang repandu par son ordre, marquoit qu'il estoit le maître de la vie & de la mort ; par là sa souveraineté sur toutes les creatures estoit reconnuë, il exerçoit le droit naturel de Createur. Dieu a ainsi divers moyens de se faire rendre ce qui luy est dû par ceux qni luy sont le plus opposez : & ceux qui ont succedé à Jesus-Christ dans son ministere ont dû sans doute, à l'exemple de Dieu même, regler un culte qui repondît à l'adoration en esprit & en verité qu'ils ont supposée en nous ; & par lequel Dieu reçût du moins en quelque sorte ce que chacun de nous doit luy rendre.

*Dem.* Ceux qui exercent le ministere de Jesus-Christ ne pourroient-ils point quelquefois s'écarter des intentions de leur maître ?

*Resp.* Pour ne vous pas tromper icy, vous ne devez pas regarder la personne ou les mœurs de ceux qui sont assemblez pour regler le culte, & separer la bonne d'avec la mauvaise Doctrine, vous devez les considerer simplement comme representant tout le corps de la societé Chrétienne, alors vous verrez que le même esprit qui sanctifie les vrais fideles doit agir dans ces personnes assemblées pour l'exercice de leur ministere, & qu'ainsi tout ce qu'elles reglent est bien reglé.

*Dem.* Mais peuvent-elles faire d'autres loix que celles que Jesus-Christ a faites.

*Resp.* Non; mais elles en peuvent faire, pour nous faire observer ce que Jesus-Christ demande de nous. Vous voyez bien qu'il est convenable que les depositaires de la parole de Jesus-Christ puissent faire des loix qui tendent à nous faire observer cette divine parole.

*Dem.* Quelle est la nature de ces loix ?

*Resp.* Quoyque l'Eglise qu'on doit regarder dans ces depositaires assemblez, se propose uniquement de lier tout le corps des fideles à leur divin chef, elle ne juge pas neanmoins des dispositions interieures. Comme il n'y a que Dieu qui les connoisse, il n'apartient aussi qu'à Dieu de les regler & d'en juger. L'Eglise à cet égard n'a que la voye de l'exhortation : elle nous appelle, elle nous excite, elle nous presente mille motifs pressans pour nous porter à aimer & adorer Dieu comme il veut être aimé : mais elle ne nous en fait point de loy. Cette loy subsiste avant le monde. Dieu nous la fait, c'est assez : les loix de l'Eglise ne tombent que sur les dehors.

*Dem.* Mais pouvons nous dire que nous obeïssons à l'Eglise, quand nous ne sommes pas tels au dedans, que nous paroissons au dehors ?

*Resp.* Encore un coup, les loix de l'Eglise en tant que loix ne regardent que la conduite exterieure. Si nous allons à la Messe, si nous jeûnons en certains tems parce que l'Eglise le commande, nous sommes soûmis à ses loix & c'est une marque que nous voulons qu'elle nous regarde comme ses enfans. Si dans nos jeûnes & dans le lieu Saint nous n'adorons pas Dieu en esprit & en verité, si nous n'avons pas les sentimens de componction qui conviennent à des creatures corrompuës, ce n'est pas sur quoy l'Eglise exerce ses jugemens : elle en gemit, mais c'est à Dieu à nous juger. Car en cela c'est la loy divine & interieure que nous violons, loy que Jesus-Christ seul a l'autorité de faire observer.

*Dem.* L'Eglise cependant n'impose-t'elle pas des peines aux pecheurs?

*Resp.* Elle leur en impose ; mais ce n'est pas pour punir l'infraction de la loy interieure, c'est pour reparer le scandale qu'ils ont causé, pour les faire rentrer en eux mêmes, & pour arrêter le torrent de la corruption. Le jugement des desordres de l'ame est reservé à Jesus-Christ. Ainsi l'Eglise ne nous fait des loix que par dependance du Createur. Dans toutes les choses qu'il exige de nous elle ne nous prescrit rien ; & toujours inspirée par Jesus-Christ, elle n'agit avec nous que pour nous faire rentrer dans l'esprit d'ordre & de raison que nous avons perdu.

*Dem.* Toutes les pratiques que nous voyons dans l'Eglise luy sont-elles inspirées par Jesus-Christ ?

*Resp.* Je ne pretens pas cela. Pendant que l'esprit sera dependant du corps, on se fera mille faux objets, l'imagination s'effrayera de ses propres phantômes, on se repaîtra de chimeres ; il y aura de l'orgueil, de la vanité, de l'avarice dans les Ministres, de l'ignorance, de la superstition dans les peuples ; des abus, des inutilitez dans le culte. Ces desordres sont de l'homme. L'Eglise cette assemblée dont nous avons parlé n'y a point de part. Opposée qu'elle est aux vaines terreurs, à la fausse confiance, à tous les vices de la chair, elle ne sçait que nous rappeller au culte spirituel, & ne nous peut rien prescrire qui ne nous excite à former des jugemens dignes de Dieu, & à nous unir à luy par les mouvemens du cœur

Elevez-vous au dessus de ce qui n'est que l'effet de la corruption de quelques Ministres mercenaires, & considerez une Providence qui veille sans interruption sur ses enfans, un homme Dieu qui agit continuellement pour ceux dont il a fait ses membres ; & vous comprendrez aisément que parmy les scandales & les confusions, l'Eglise demeure toujours desinteressée dans ses maximes, invariable dans sa Doctrine, remplie de charité pour ses enfans, & toujours attentive aux moyens de les sanctifier.

*Dem.* Quels sont les moyens qu'elle emploie communément ?

*Rep.* Vous le sçavez assez ; elle nous represente tantôt la mort, tantôt la Resurrection, tantôt les souffrances, tantôt la gloire de Jesus-Christ, tantôt elle nous represente les travaux & les recompenses des Saints pour nous convaincre de nôtre lacheté, pour nous convaincre que Jesus-Christ n'est pas inimitable, & qu'on ne trouve la vie qu'en luy. Tantôt elle nous reveille tout à coup de nôtre assoupissement, elle se relâche de la severité de sa discipline pour nous attirer, elle nous presente ses tresors, ou plutôt ceux de Jesus-Christ, qui est toujours prêt à combler de graces un cœur contrit & humilié.

*Dem.* Est-il necessaire pour rendre à Dieu ce qui luy est dû, de faire une profession ouverte d'apartenir à l'Eglise ?

*Resp.* Celuy qui reconnoît Jesus-Christ pour son Chef ne peut être dispensé de vivre en enfant de l'Eglise ; & s'il est interrogé sur les dispositions de son cœur il ne peut sans crime dissimuler ce qu'il est : s'il dissimule, il est dés là convaincu de craindre plus les hommes que Dieu, de preferer le monde à Dieu, & d'aimer plus le repos de la vie que la verité & la justice. C'est une disposition qui nous rend abominables devant Dieu ; & c'est aussi par cette raison que Jesus-Christ declare que si nous le desavoüons devant les hommes, il nous desavoüera devant son Pere.

*Dem.* Est-il necessaire aussi d'adorer Dieu dans telle Eglise pour être sous la garde de Jesus-Christ?

*Resp.* Il n'y a qu'une Eglise qui est l'assemblée que Jesus-Christ a formée par ceux dont il a fait ses successeurs. Comme ce n'est qu'à cette assemblée qu'il a laissé sa Doctrine, ce n'est aussi qu'en celle là que son esprit influë. Ceux donc qui ne s'y trouvent pas ne reçoivent point ses influences; & sans les influences de Jesus-Christ on n'entre point dans ses maximes, on ne reçoit point la vie des enfans de Dieu, on n'est capable que d'une justice payenne. Je ne sçay pas comment on peut s'imaginer qu'hors l'assemblée où Jesus-Christ a établi les moyens par lesquels il veut nous sanctifier, on puisse trouver le salut

## CHAPITRE X.

*Devoirs reciproques du mary & de la femme. Des parens & des enfans, des freres entr'eux.*

*Dem.* Quelle est la regle de nos devoirs envers les autres hommes ?

*Resp.* C'est le plus ou le moins de raport qu'a chacun d'eux aux perfections divines. Ce raport ne doit pas nous les faire craindre ou aimer, puisque l'amour & la crainte ne sont dûs qu'à l'Etre qui seul peut agir en nous & nous rendre heureux ou malheureux, mais il doit nous les faire plus ou moins respecter ou estimer.

*Dem.* Suivant ce principe quels sont les devoirs reciproques du mary & de la femme ?

*Resp.* L'union de l'homme & de la femme est le fondement du la societé humaine, c'est de là que se forment les familles & ensuite les Republiques qui sont les parties de cette société generale, d'où Dieu tire les membres qui composent le corps de son Eglise, & par lesquels il veut être éternellement glorifié en Jesus-Christ. Dieu est donc particulierement attentif à l'union de l'homme & de la femme, qui doit avoir de si grandes suites, il veut que l'ordre soit gardé dans cette union ; & par conséquent que l'épouse soit soûmise à son époux, & que l'époux ait toute la douceur & toute la tendresse pour l'épouse.

*Dem.* Sur quoy fondez-vous l'autorité de l'époux ?

*Resp.* Sur la dignité du sexe. La constitution de l'homme est telle qu'il a le cerveau plus ferme, & par consequent qu'il peut faire plus d'usage de la raison que la femme, usage d'où dépend tout le merite. Si donc les deux sexes sont unis, l'ordre demande que le plus noble ait l'empire. La femme en contractant s'est soûmise à cet ordre. La puissance du mary est par là sufisamment établie.

*Dem.* Dans quelle sorte de dépendance est la femme sous cet empire ?

*Resp.* Elle depend du mary comme

me la partie de son tout, c'est à dire, que toute dependante qu'elle est, le mary la doit regarder comme une partie de luy même, & par consequent avoir pour elle les mêmes égards qu'il desire qu'elle ait pour luy. S'il est obligé de la reprendre il faut que ce soit avec douceur & menagement ; & il doit desirer qu'elle luy donne à luy même de bons avis. C'est la suite naturelle de leur union, & l'effet de leur engagement reciproque.

*Dem.* Cet engagement ne doit-il finir qu'avec la vie de l'un ou de l'autre ?

*Resp.* Vous n'en pouvez pas douter, si vous en avez compris la nature, ajoûtez que le mariage nous represente l'union de nos ames avec Dieu, & celle de Jesus-Christ avec tout le corps de son Eglise ; & vous conviendrez que si l'homme & la femme se separent, ils s'opposent à tous les desseins de Dieu.

*Dem.* Pourquoy donc Moïse avoit-il permis le divorce ?

*Resp.* Moïse en le permettant avoit

moins égard à la Religion qu'au gouvernement politique, il tiroit ce qu'il pouvoit d'un peuple dur que la concupiscence dominoit, & à qui toute l'étenduë de la loy n'avoit point esté revelée, parce que son état ne luy permettoit pas de l'observer dans toutes ses parties. Moïse ne pouvant pas changer les cœurs mettoit l'ordre qu'il pouvoit dans les dehors. Mais ne croyez pas que pour n'avoir point esté coupable devant Moïse, on ne l'ait pas esté devant Dieu.

*Dem.* Est-il necessaire qu'un homme ne soit mary que d'une femme ?

*Resp.* La pluralité des femmes n'étant propre qu'à mettre la confusion dans la société, & à nourrir les desirs dereglez d'un cœur corrompu, elle est entierement opposée à la raison. Dieu a bien voulu que dans le mariage on trouvât un remede aux desordres de la concupiscence ; mais il n'a pas pretendu nous mener où nôtre corruption nous porte ; & c'est aussi par cette raison que si l'union de l'homme & de la femme ne se fait selon les regles que Dieu a marquées ou immediatement par luy même, ou par ceux qu'il a commis pour nous conduire, elle degenere en prevarication & adultere.

*Dem.* Que faut-il donc penser de ces saints Patriarches Abraham & Jacob qui avoient plusieurs femmes à la fois?

*Resp.* Il faut les regarder comme des hommes destinez à nous figurer de grands mysteres par leurs mariages, comme des hommes inspirez divinement sur tout ce qu'ils avoient à faire; & de ces cas particuliers ne tirer aucune consequence pour le commun des hommes. Loin que la pluralité des femmes puisse generalement être licite, il est clair par tout ce qui vient d'être dit, que le mary & la femme n'ont droit sur le corps l'un de l'autre qu'autant que l'usage du mariage doit servir à faire des sujets à Dieu, & à entretenir l'union conjugale; & qu'au moment qu'ils s'abandonnent à la sensualité, l'esprit de Jesus-Christ s'éloigne d'eux, & ils sont abandonnez à eux mêmes. Vous trouverez pourtant des gens qui vous dirent encore que la simple fornication n'est pas un mal. Mais de ce que le commerce que deux personnes libres ont ensemble ne fait tort à personne, il y a certainement de l'extravagance à conclurre qu'elles suivent l'ordre, lors qu'elles font elles mêmes la loy de leur union, & qu'elles se livrent à tous les sentimens qui font aimer uniquement la creature.

*Dem.* D'où se tirent les devoirs des parens envers les enfans ?

*Resp.* De ce que Dieu par les parens manifeste d'une maniere particuliere sa puissance & sa bonté.

*Dem.* En quoy les parens representent-ils la puissance de Dieu ?

*Resp.* En ce que Dieu se sert d'eux pour nous donner l'être & la vie.

*Dem.* En quoy representent-ils la bonté divine ?

*Resp.* En ce que Dieu nous donne par eux une vie qui est le fondement d'un bonheur éternel.

*Dem.* Quel est le devoir des enfans en consequence du caractere de puissance que portent les parens ?

*Resp.* C'est de les respecter profondement, & de leur être parfaitement soûmis.

*Dem.* Quel est nôtre devoir en consequence du caractere de bonté que nos parens portent à nôtre égard.

*Resp.* C'est de chercher tous les moyens de repondre au bien que nous avons reçû par leur moien.

*Dem.* Ne peut-on sans ces considerations rendre à ses parens ce qui leur est dû?

*Resp.* Afin que les parens & leurs enfans entraßent sûrement dans les sentimens qu'ils doivent avoir les uns pour les autres ; Dieu a construit de telle maniere leur cerveau par raport les uns aux autres, que de la seule méchanique du corps s'ensuivent tous ces mouvemens de tendreße qui semblent être l'ouvrage du pere, de la mere & des enfans, mouvemens qui pour l'ordinaire sont plus ou moins sensibles, suivant l'état de force ou de foibleße corporelle, où se trouvent ceux qui ont donné la vie & ceux qui l'ont reçû. Une mere, par exemple, a plus de tendreße pour les petits enfans que pour ceux que l'âge a fortificz ; & les petits enfans sont plus attendris que les grands pour leur n̄ec. Les sentimens de l'autorité paternelle ou maternelle unit dans les enfans la crainte & le respect à la tendresse ; & on peut dire que ceux en qui ces dispositions ne se trouvent pas, sont d'une construction particuliere & monstrueuse dans l'ordre naturel. Mais quand mêmes par les loix de la nature, je veux dire par celles de la communication des mouvemens, & de l'union de l'ame & du corps, les parens & les enfans se rendroient toujours ce qu'ils se doivent les uns aux autres, il est encore necessaire qu'ils soient instruits de leurs devoirs par la raison, afin que dans un point si important ils puissent agir en creatures raisonnables.

*Dem.* Quels sont les devoirs des parens en consequence du premier caractere que vous leur avez attribué.

*Resp.* C'est de donner à leurs enfans un perpetuel exemple de vertu : c'est de les appliquer plus à l'esprit qu'aux dehors de la Religion, d'être plus attentifs à les delivrer des erreurs populaires, & à les preparer à la mortification des sens, qu'à cultiver leur imagination, c'est d'être inexorables à leur égard sur ce qui regarde l'honneur qui est dû à Dieu.

*Dem.* Jusqu'où s'étend le pouvoir d'un pere à cet égard ?

*Resp.* A tout ce qu'il juge à propos de faire : & les loix qui luy ont donné droit de vie & de mort sur son fils ont esté tres justes, si elles n'ont eu que la gloire de Dieu pour objet. Il est juste que celuy qui ne jouït de la vie que pour honorer Dieu, perde la vie quand il s'oppose à Dieu. Mais parce que le zele de la gloire de Dieu n'est pas moins rare dans les peres que dans les enfans, les legislateurs ont jugé à propos de retrancher un pouvoir, dont peut-être on avoit souvent abusé. Car il faut remarquer que bien que nous aions reçû la vie par nos parens, ils n'ont pas droit cependant de nous la redemander : elle apartient à celuy qui en est la cause immediate : tout le droit que nos parens ont sur elle, c'est de s'appliquer en diverses manieres pour nous rendre parfaits, & nous mettre en état de répondre aux desseins du Createur.

*Dem.* Quel est le devoir du pere en conséquence du caractere de bonté qu'il porte à l'égard de ses enfans ?

*Resp.* C'est de leur donner une éducation qui leur fasse aimer les vrais biens & comprendre la vanité des biens sensibles.

*Dem.* Cette derniere sorte de biens est-elle tout à fait à negliger ?

*Resp.* Je ne l'entens pas ainsi. Mais un pere est obligé par son caractere de songer plus à procurer à son fils les biens du ciel que les biens de la terre, & il ne doit travailler pour ceux-cy qu'autant qu'ils peuvent s'ervir à l'aquisition des premiers. S'il ne le fait pas, c'est un crüel, sa tendresse est fausse, il viole au fond les loix de la nature ; & il ôte à son fils les raisons les plus saintes de le respecter & de luy être soûmis. Assurément nos devoirs envers nos parens sont fondez principalement sur leur destination à nous acheminer vers le ciel, c'est à dire, à nous mettre sur les voyes de la perfection & des biens de l'éternité. Un enfant ne peut jamais être dispensé de respecter son pere, je l'ay assez fait voir ; mais il n'est pas surprenant d'en voir plusieurs manquer aux devoirs les plus indispensables, si l'on considere l'éducation qu'ils ont reçuë ; & quand des enfans au milieu des exemples d'attachement aux biens de la terre, aux plaisirs des sens & à tout ce qui contente l'orgueil, regardent Dieu dans leurs parens, & leur rendent une obeïssance qui n'est point dissimulée, j'ose dire que c'est l'effet d'une providence particuliere. Heureux les enfans, dont les peres font de la loy éternelle leur principe fixe & invariable ! Un pere qui se laisse entrainer par la coutume & que le caprice conduit, ne peut attendre de son fils que ce qui se trouve en luy même. En vain il pretendra le rappeller à la raison aprés l'avoir mis dans les voies de la cupidité. La perte de l'un & de l'autre est inévitable.

*Dem.* De ce que vous dites, ne s'ensuit-il pas qu'il n'y a point de

F v

pere qui ne soit obligé de former luy-même l'esprit & les mœurs de son fils.

*Resp.* Il n'a pas un devoir plus indispensable que celuy-là. S'il est appellé aux affaires publiques pour le bien de tout le corps de la société, ou s'il est obligé à travailler de ses bras pour faire subsister sa famille, en ces cas il peut confier ses enfans aux soins d'une personne dont l'experience & la probité luy soient connuës : mais il ne peut être dispensé d'y aporter toujours du sien autant qu'il luy sera possible. On voit assez que des enfans doivent à celuy que leur pere met en sa place, le même raport & la même obeïssance qu'à leur pere.

*Dem.* Quels sont les devoirs des freres entr'eux ?

*Resp.* Etant nez pour vivre ensemble, & recevoir par un même canal la connoissance des vrais biens, ils doivent s'entrexciter les uns les autres à les aquerir. Le plus âgé doit être comme un second guide pour le plus jeune, à proportion de l'experience qu'il a aquise. Ils doivent s prêter la main mutuellement, & conspirer tous à se bien établir dans l'esprit d'ordre & de justice qui leur est comme transmis par la vigilance paternelle. C'est une suite du principe que nous avons posé; & dans les familles où l'on ne le suit pas il n'y a que divisions ou tendresse purement machinale.

*Dem.* Ne voit-on pas beaucoup de familles bien composées, où l'on n'a point connu vos principes?

*Resp.* Je vous ay déja dit que la grace de Jesus-Christ peut bien suppléer les principes de raison. Mais ne vous y trompez pas, il y a des unions qui ne sont l'ouvrage que de la chair & du sang. On les loüe ces unions, on les aprouve dans la société civile, mais elles ne sont pas des acheminemens à la société éternelle, où l'on n'entrera jamais que par les voyes que Jesus-Christ nous a retracées. C'est à chacun de nous à s'examiner sur ce principe, & à rechercher l'état où se trouve son cœur par raport à Dieu & aux biens sensibles.

## CHAPITRE. XI.

*Loy essentielle. Motifs de l'accomplir les uns à l'égard des autres.*

*Dem.* QUELS sont en général les devoirs des hommes les uns envers les autres ?

*Resp.* Ils sont à peu prés les mêmes que ceux des freres entr'eux. Car enfin tous les hommes ensemble ne composent qu'un même corps. Ce sont autant de branches d'un même tronc, ou autant de parties d'une même famille, laquelle s'étant trop augmentée s'est partagée en plusieurs familles particulieres, qui se sont encore partagées en d'autres, d'où s'est ensuivie la difference des noms & des Nations qui peuplent aujourd'hui la Terre. Ce qui fait assez voir que ce qui a dû se pratiquer dans la premiere famille doit être pratiqué par tous les hommes entr'eux, nonobstant la difference des usages & la distance des lieux.

*Dem.* Quelle sera la régle de leur conduite les uns à l'égard des autres ?

*Resp.* Ce sera cette lumiere commune qui leur découvre à tous les mêmes loix de justice. Ils doivent être unis par le cœur comme ils le sont par la Raison : & n'étant pas faits pour la Terre, mais pour le Ciel, ils doivent autant qu'ils peuvent contribuer à la perfection les uns des autres, puisque les biens du Ciel sont attachez à la perfection.

*Dem.* Et des biens de la Terre quel usage en feront-ils ?

*Resp.* Ils s'en serviront pour contribuer au bien des ames.

*Dem.* La Nature étant si parfaitement égale dans tous les hommes, pourquoi les biens de la Terre sont-ils inégalement partagez ?

*Resp.* Ces sortes de biens sont si peu considérables, que Dieu a bien voulu les abandonner, non pas à ceux qui auroient le plus de vertu, mais à ceux qui auroient le plus de force ou d'activité corporelle ; d'autant plus qu'en les abandonnant ainsi, il a donné lieu à ceux qui s'en trouvent privez, de se purifier par mille differens travaux, & à ceux qui sont dans l'abondance de mériter les biens célestes par la distribution de ceux qu'ils ont entre les mains ; sans compter que par là il s'établit comme de soi-même entre les hommes une subordination d'états, de professions & d'emplois, sur laquelle roule toute la vie humaine.

*Dem.* Quand un Riche ne veut faire part de ses biens à personne, y a-t-il danger de lui en enlever un peu ?

*Resp.* Un homme n'a aucun droit sur le bien d'un autre. S'il prétend se l'approprier, il trouble l'ordre de la société toujours préférable à nôtre vie & à nos commoditez particulieres ; il fait voir que la cupidité le domine, & luy fait préférer les biens du corps à ceux de l'ame, disposition toujours abominable devant Dieu. Si pour se sauver la vie, on peut enlever du bien d'autrui, c'est que n'y ayant rien de plus contraire à la société que de laisser périr des hommes qu'on pourroit conserver ; celui qui ne veut pas contribuer à leur conservation perd le droit qu'il avoit à tout ce qui peut y servir. Ce qui fait qu'alors les biens deviennent communs.

*Dem.* Et d'un homme qui ôte la vie à un autre homme, qu'en doit-on penser ?

*Resp.* Un homme en tuë un autre, l'insulte ou le maltraite, parce que cet autre ne lui plaît pas, c'est un outrage fait à Dieu même ; c'est s'ériger en censeur de l'ouvrage de Dieu ; c'est vouloir le reformer ; c'est s'opposer aux moyens que Dieu a pris pour être glorifié ; c'est une insolence prodigieuse. Il est évident, ce me semble, qu'un Esprit uni à un corps pour rendre hommage à son Auteur, & qui porte en plusieurs manieres son image, ne peut être séparé de ce corps, que par l'ordre de Dieu même, ou de ceux que Dieu a établis pour maintenir l'ordre de la société.

*Dem.* Mais si, par exemple, je

ne puis me sauver la vie qu'en l'ôtant à un autre, quel parti serai-je obligé de prendre ?

*Resp.* La société n'ayant pas plus d'intérêt à la conservation de l'un qu'à celle de l'autre, vous pouvez en ce cas ôter la vie à vôtre adversaire sans offenser la société. Mais je croi que dans le bon témoignage de vôtre conscience la Charité vous obligeroit de perdre plutôt la vie que de l'ôter à un homme dont le malheur seroit certain.

*Dem.* Sommes-nous obligez d'avoir la même délicatesse sur ce qui regarde la réputation, que sur ce qui regarde la vie d'autrui ?

*Resp.* La vie qui consiste dans l'union de l'ame & du corps est peu de chose en comparaison de celle qui consiste dans l'union que nous avons avec les autres hommes ; & comme cette sorte de vie dépend de la réputation, on a eu raison de dire, que celui qui se sert de sa langue pour décrier son prochain, est plus cruël que celui qui employe contre lui le fer & le feu. Je sçai qu'ordinairement on prend pour prétexte de décrier un homme, le bien de ceux qu'on avertit de sa malice : mais je sçai bien aussi que si l'on n'a pas droit de tuër tel ou tel, parce qu'on craint qu'il n'en tuë d'autres, on n'a pas droit aussi d'en donner une mauvaise idée pour prévenir ce qu'il peut faire. La Charité a d'autres voyes pour s'opposer au mal que la cruauté & la médisance ; mais ce n'est pas ici le lieu d'en parler.

*Dem.* Si l'on m'offense dans mes biens ou dans ma personne, puis-je tirer raison de cette injure ?

*Resp.* Si vous êtes notablement offensé, vous avez la voye de droit, qui est une maniere de dénoncer l'offensant comme un perturbateur du repos de la société : mais il faut que ce soit sans nul sentiment de vengeance.

*Dem.* Pourquoi la vengeance nous est-elle tant deffenduë ?

*Resp.* C'est qu'en qualité de pécheurs il n'y a point de si mauvais traitement que nous ne méritions. Si nous avons le pouvoir de nous venger, nous excéderions toujours par l'amour de nous-mêmes qui nous aveugle ; & par là nous nous condamnerions nous-mêmes. Mais comment aurions-nous ce pouvoir, puisque c'est Dieu qui nous punit. Car au fond, ce n'est pas la malice de nôtre ennemi qui nous fait du mal : il n'y a que les coups qui nous affligent, & ces coups partent immédiatement de la main de Dieu. Ainsi prétendre se venger, c'est se révolter contre Dieu, qui en qualité d'Être infiniment parfait, a droit lui seul de se venger.

*Dem.* Pourquoi donc étoit-il permis aux Juifs d'arracher un œil pour un œil, & de casser une dent pour une dent ?

*Resp.* C'est que l'Esprit de Jesus-Christ, qui seul nous peut faire sentir ce que nous sommes & ce que Dieu est, n'agissant pas dans les Juifs, ils n'étoient pas capables de résister à tous les sentimens de la nature corrompuë. Moïse ne leur permettoit pas la vengeance, il mettoit les bornes qu'il pouvoit à leur amour propre.

*Dem.* Quelle doit être la régle de nos paroles ?

*Resp.* La même que celle de la pensée. Car la parole doit être l'expression de la pensée. Mais quoique l'un & l'autre doivent toujours être conformes à la vérité qui se présente à l'esprit, il ne s'ensuit pas que nos paroles doivent toujours répondre à toutes les idées particulieres que nous avons actuellement quand nous parlons. Nous devons seulement les régler sur l'idée générale du bien commun. Car il faut bien remarquer que l'usage de la parole nous est tellement donné pour le bien commun de la société, qui se raporte directement à Dieu, que nous en abusons toujours quand par elle nous en causons de la division ou du trouble que nous avons pû prévoir. Vous m'avoüerez, sans doute, qu'il y a une infinité d'occasions où il faut agir avec bien des gens comme avec des malades, à qui on donne de l'eau sous la couleur du vin ; & que dans la vie humaine une sincérité outrée seroit une source de desordres.

*Dem.* Suivant ce principe qu'est-ce que le mensonge ?

*Resp.* C'est un déguisement que nous faisons aux autres de nos mauvais choix & de nos injustes affections : déguisement aussi nuisible à la société, qu'il est nécessaire que pour le bien commun nous soyons tels que nous voulons paroître.

*Dem.* Tout ce qu'on appelle mensonge est-il péché ?

*Resp.* Tout mensonge est péché : mais bien des choses qu'on appelle mensonges, pourroient bien ne pas mériter ce nom. Quoi qu'il en soit, le commun des hommes est si peu touché du bien de la société, & si sujet à déguiser les mauvaises dispositions dont il ne veut point se défaire, qu'il n'y a rien autre chose à lui dire sur le mensonge, sinon que la sainteté de Dieu ne peut souffrir aucun déguisement, que le plus léger & le plus officieux offense sa Majesté. En effet, si ce nous est un devoir indispensable de régler nos jugemens & nos mouvemens intérieurs sur ceux de Dieu même, & si toutes nos paroles doivent exprimer ces mêmes jugemens & mouvemens, Dieu sans doute nous condamne, non seulement quand nous voulons juger des choses autrement que selon les idées éternelles qu'il en a, ou que nous estimons & aimons le plus ce qui est le moins parfait ; mais encore lors que pas nos paroles & nôtre contenance nous aimons mieux nous déguiser à la société dans laquelle nous vivons, que de renoncer au desordre.

*Dem.* Et le serment de quel usage est-il ?

*Resp.* Il sert à prouver ce qu'il est nécessaire qu'on sçache, & ce qui ne peut être prouvé par d'autre voye.

*Dem.* Pourquoi donc Jesus-Christ l'a-t-il généralement deffendu ?

*Resp.* C'est que les hommes ne l'employent communément que pour couvrir leur injuste cupidité, & pour se tromper les uns les autres. Jesus-Christ qui voyoit dans le fond des cœurs, les rapelle au respect qui est dû à tous les ouvrages de Dieu ; & en ne leur laissant rien dans tout l'Univers sur quoi ils puissent appuyer leurs sermens, les reduit à s'en tenir au témoignage de leur conscience & à la simplicité de la parole, à moins qu'il ne soit absolument nécessaire pour l'honneur de la vérité, que le serment intervienne.

## CHAPITRE XII.
*La maniere de se conduire dans le commerce du monde.*

*Dem.* DONNEZ-MOY, je vous prie, quelques régles pour conserver l'union & la paix dans la societé civile.

*Resp.* Je n'en ay qu'une à vous donner présentement, c'est de marquer toujours aux autres, que vous les estimez plus que vous-même.

*Dem.* Comment m'y dois-je prendre pour suivre cette régle ?

*Resp.* Eussiez-vous toutes les qualitez que l'homme peut avoir, ne parlez jamais avantageusement de vous-même : ne vous amusez point à contredire, à moins que vous ne soyez comme certain que la vérité en doit recevoir quelque honneur ; respectez, pour ainsi dire, la foiblesse de ceux avec qui vous avez à vivre ; & toutes choses égales, déférez le plus à celui que vous avez reconnu le plus sensible.

*Dem.* Quel mal trouvez-vous à dire du bien de soi quand on ne ment pas ?

*Resp.* Par là on met les autres au dessous de soi, & ce mépris est insupportable à l'esprit ; il rompt toutes les societez.

*Dem.* Pourquoi sommes-nous si sensibles à si peu de chose ?

*Resp.* C'est qu'ayant esté faits pour vivre ensemble & composer un même corps, personne n'en veut être la derniere partie ; & cette disposition est telle, qu'on a nécessairement du chagrin quand on se voit ou qu'on se sent méprisé.

*Dem.* Quel est le plus grand motif que nous ayons d'entrer dans l'esprit que vous me marquez ?

*Resp.* C'est nôtre propre corruption. Si nous nous connoiſſons bien nous-mêmes, le ſentiment de nos miſéres & de nos foibleſſes nous empêchera bien de nous préférer aux autres.

*Dem.* Ne voit-on pas de certaines gens qui ſans ſe connoitre beaucoup eux-mêmes, ſont modeſtes & retenus, ne contrediſent point, & déférent à tous?

*Reſp.* Il n'y a que la Charité qui puiſſe nous faire remplir ces devoirs. C'eſt d'elle que dérive la véritable politeſſe & *le ſçavoir vivre*: Les Sages du monde veulent le tirer de leur propre eſprit: la crainte de s'attirer des chagrins & le déſir de plaire leur font imiter ce que la Charité inſpire; mais ſuivez-les de prés, vous verrez bien-tôt qu'ils ne donnent que pour recevoir, & que ſi on leur refuſe ce qu'ils cherchent, ils changent bien de manieres. Demandez, par exemple, à tel ou tel, qui a tant de déférence pour les femmes, ſi c'eſt la foibleſſe du ſexe qu'il reſpecte en elles, ou le ſexe même qu'il cultive. L'homme du monde a beau faire;

comme ses vûës sont toujours basses, sa conduite est toujours défectueuse. Tout le séduit : L'inclination à faire des complimens, l'amitié, la faveur, la reconnoissance, semblent conspirer à l'établir dans l'erreur.

*Dem.* Faites-moi comprendre comment les complimens ont un si mauvais effet ?

*Resp.* Sans chercher les motifs de celui qui les fait, qui sont ordinairement de s'en attirer autant, de paroître homme d'esprit, de railler le prochain, ou de lui tendre des piéges, toutes vûës basses & payennes ; voyez ce qu'ils produisent dans ceux qui les reçoivent. Le Grand en devient fier, hardi, imprudent : il juge de là que toute la Raison est pour lui, quoique souvent il ne la connoisse pas ; & il juge toujours de même, parce qu'on le complimente toujours.

*Dem.* Mais comment faire avec des hommes qui veulent qu'on les croie parfaits, & qu'on ne cesse point de les admirer ?

*Resp.* Il faut éviter avec soin ce

qui peut offenser leur délicatesse, il ne faut point leur paroitre opposé ; il faut, si l'on peut, les engager par leur amour propre à considérer ce qu'ils sont, & dire la vérité de maniere qu'ils ne jugent pas qu'on veuille censurer leur conduite. S'ils en demandent davantage, il faut quitter doucement la partie, & les laisser s'aimer & s'admirer eux-mêmes. Car enfin c'est la derniere bassesse que d'encenser le vice ; & rien n'est plus injuste ni plus contraire à la Religion, que d'entretenir les hommes dans leurs erreurs, & de leur ôter pour toujours la connoissance d'eux-mêmes. C'est une cruauté qui passe tout ce qui peut venir de la part du plus cruël ennemi.

*Dem.* Comment l'amitié, la faveur, la reconnoissance, corrompent-elles le commerce de la vie ?

*Resp.* Nos amitiez sont sensibles, nos vûës sont interessées. Il ne peut donc naître de là, que du desordre & de la confusion. Ecoutez un homme qui en aime un autre. Il n'y a rien, si on le veut croire, de comparable à son ami ; il a toujours raison, il ne se trompe jamais : ce que cet ami n'oseroit dire de lui-même, crainte de faire paroitre trop d'amour propre, son homme le dit & se fait honneur de le dire à son ami, parce qu'il se figure là un air de générosité : il se prévient ainsi de plus en plus ; & dans sa prévention, quelle chaleur à faire valoir des opinions souvent bisarres & opposées à la vérité !

Remarquez après cela ce qui se passe quand un homme de credit parle. Dans tout ce qu'il dit on ne regarde que sa personne ; un tour d'imagination de sa part enleve l'assemblée, & s'il a ce qu'on appelle *bonne grace*, il acheve de charmer. Assuré de sa réputation & des *rieurs*, quelle confiance n'a-t-il pas dans tout ce qu'il avance ? Et que peuvent les véritez les plus pures contre le ton & les manieres qu'il sçait prendre ? C'est ainsi que le foible a toujours tort, & que la justice est supprimée ; & c'est ce qui corrompt la societé, mais ce qui la corrompt

G ij

d'une manjere d'autant plus funeste, que toutes ces maximes passent sous le nom de politesse, d'urbanité, de sçavoir vivre, quoi qu'il n'y ait rien de plus opposé à la Raison.

*Dem.* Qu'est-ce proprement que le Monde ?

*Resp.* C'est un assemblage de differens Esprits qui prennent tous des voyes differentes pour s'éloigner de la perfection, & qui après de longs circuits se retrouvent sur la route commune du vice & du malheur.

*Dem.* Ne pourroit-on point reduire à certaines classes tous ces differens génies ?

*Resp.* On peut en faire quatre bandes principales. La premiere sera de ceux qui ne s'entretiennent & ne s'occupent que de ce qui se passe dans leur Ville, des mariages qui s'y font, des Charges qui s'y vendent & s'y achetent, des disgraces de l'un, de la faveur de l'autre, de ses revenus, de la dépense, des modes qui s'introduisent où qui finissent, d'habits, d'équipages, d'ameublemens. La seconde sera de ceux qui ne veulent que de la débauche, & dont tous les discours, lors qu'ils ne sont pas obligez de se contraindre, expriment la brutalité. La troisiéme sera de ceux qui ne s'appliquent qu'à parvenir aux richesses & aux honneurs, & qui tiennent pour juste tout ce qui peut y conduire. La quatriéme sera de ceux qui se piquent d'esprit & de politesse, mais qui n'ont que des sentimens profanes, & qui sous des apparences d'honnêteté sont les ennemis perpetuels de la vérité & de la justice. Chaque classe participe aux quatre caractéres; mais l'un ou l'autre domine toujours dans chacune: & chacun de nous ressemble toujours à ceux parmi lesquels sa naissance ou le hazard l'a placé. C'est ainsi que la corruption se transmet, & passe sans interruption des vieillards aux jeunes gens.

*Dem.* Que doit-on faire pour s'en garentir?

*Resp.* Méditez souvent les véritez que vous avez aprises, & invoquez souvent Jesus-Christ.

*Dem.* Le moyen d'être sociable

avec de telles précautions ?

*Resp.* Rien n'est plus facile. Ecoutez les vains discours, les sots contes, les critiques, les fades plaisanteries, tous les entretiens stériles & profanes comme s'ils ne vous choquoient pas. Ne soyez froid que lors qu'on blesse directement la pudeur ou la pieté; Faites un sacrifice à Dieu de la contrainte que vous vous faites pour entendre des inutilitez; & souvenez-vous toujours de marquer plus d'estime pour les autres que pour vous-même.

*Dem.* Mais comment vivre dans le monde sans entrer un peu dans ses usages ?

*Resp.* Suivez les usages du monde, & ne suivez pas ses injustices; vivez dans le monde, & ne participez point à son Esprit. Gardez ce qu'il apelle *bienséances*, & gémissez de vous y voir assujetti; regardez-les dans leur principe, & élevez-vous à ce que prescrit la Charité: elle est douce, patiente, condescendente; elle ne fait rien à contretems: sous un guide si sûr vous ne serez point de faux pas.

*Dem.* N'y auroit-il point là trop d'apparence de singularité?

*Resp.* Le monde singularise ce qu'il lui plaît. Mais afin de ne vous pas embarrasser de ses opinions, distinguez ce qui est en vous foiblesse volontaire d'avec ce qui est foiblesse naturelle. Singularisez-vous par raport à la premiere, & faites en sorte qu'elle ne paroisse jamais en vous. Pour la seconde, contentez-vous d'en gémir. J'appelle foiblesse naturelle ce fond de corruption & de misére qui nous poursuit jusqu'à la mort : Tout ce que nous pouvons faire à cét égard, c'est de nous en humilier. Mais il y a des Sages du monde qui ont un autre principe : On les voit s'abandonner aux foiblesses qu'ils pourroient détruire, & affecter de paroitre au dessus de celles qui sont inséparables de la Nature : ils voudroient faire acroire, par exemple, qu'ils sont insensibles à la douleur & au mépris, qu'ils sçavent faire leur bonheur, & qu'ils ne ressemblent en rien aux autres hommes.

Voilà ce qu'on doit appeller singularité ridicule, & l'excés de l'imposture & de la vanité.

*Dem.* Et l'air & la contenance comment les reglera-t-on ?

*Resp.* Ne prenez pas un air trop simple. Car s'il marque le peu d'estime que vous avez pour vous-même, il marque aussi que vous ne vous mettez gueres en peine des autres. Ne prenez pas un air trop grave, il marqueroit que vous estimeriez moins les autres que vous-même : prenez un air modeste, je ne puis m'exprimer autrement ; il fait sentir aux autres que vous les préférez à vous. Croyez-moi, appliquez-vous à vous connoître ; faites de la Loy éternelle la régle de vos paroles & de vos actions ; ne songez à plaire au monde que pour le gagner à Dieu, vous serez homme sociable, & au dessus de la censure. Vous ne serez pourtant pas à couvert de la persécution. Le juste ne peut l'éviter dans un monde aussi superbe & aussi corrompu qu'est le nôtre, mais il ne sera pas toujours.

en humeur de vous maltraiter ; & quand il y sera, ses injures & ses reproches tourneront contre lui-même.

## CHAPITRE XIII.

*Erreur touchant l'amitié. Ce qui fait les vrais amis. Régles sur cette matiere.*

*Dem.* PUISQUE nous sommes si redevables à tous les hommes, que deviendra l'usage des amis particuliers ?

*Resp.* Dans le monde l'amitié se définit communément; L'union de deux cœurs qui ne vivent que l'un pour l'autre dans une communication parfaite de toutes leurs pensées, & dans une communauté entiere de tous leurs biens : on lui donne ensuite la vertu pour fondement. Mais aujourd'hui vous n'ignorez pas qu'on ne pût être vertueux & vivre pour autre chose que pour celui qui ne vous a créez que pour lui-même;

vous sçavez que pendant que le Créateur demande nôtre cœur tout entier, nous ne pouvons sans crime le donner à la créature.

*Dem.* Ne confondez-vous point ici les devoirs de la Religion avec ceux de la société ?

*Resp.* Ignoreriez-vous encore qu'on ne peut, sans tout renverser, se conduire dans la société par d'autres principes, que par ceux de la Réligion ? Si vous aviez deux cœurs, vous pourriez faire ici des *distinguo* : mais si n'en ayant qu'un seul, vous l'engagez tout dans la société, où en trouverez-vous pour la Réligion.

*Dem.* Voudriez-vous comme Mysantrope n'aimer quoi que ce soit, & n'être aimé de personne ?

*Resp.* Il faut aimer tout le monde, & s'en faire aimer si l'on peut ; mais il ne faut s'unir qu'à Dieu : il faut encore faire ses amis particuliers de ceux qu'on a connu sincéres, religieux, peu attachez à eux-mêmes, mais il ne faut ni leur demander leur cœur, ni leur donner le sien,

*Dem.* Peut-il y avoir un commerce d'amitié solide, où le cœur ne soit pas de la partie ?

*Resp.* Pourvû que vôtre ami vous soit fidéle, & vous donne tous les secours qu'il peut, qu'avez-vous à faire de son cœur ? Vous pensez peut-être que l'un ne peut aller sans l'autre. Mais si cela est ainsi, Dieu nous a demandé l'impossible en nous demandant *tout* nôtre cœur; car sans contredit il faut que nous soyons fidéles à nos amis. Ne craignez rien en ce point. Loin que l'amour de Dieu seul soit contraire à cette fidélité, il en est un si solide fondement qu'il le rend à jamais inviolable.

*Dem.* Mais l'exemple de toute la nature ne nous propose-t-il pas l'union des cœurs ? Et de grands hommes n'ont-ils pas remarqué que c'étoit ôter du monde le Soleil que d'en retrancher cette union ?

*Resp.* Il ne faut point nous tromper nous-mêmes par des tours d'imagination éblouïssans. Il y a une éternité pour nous à perdre ou à gagner. Si en unissant nos cœurs les uns aux autres nous nous perdons, cette union est un grand mal. Mais après tout, je ne croi pas que le monde coure grand risque par cet endroit. Les hommes qui craignent Dieu, ne se livrent point les uns aux autres ; & ceux qui n'aiment que la vie ne tiendront jamais beaucoup les uns aux autres par le cœur: ils ne parlent que de *cordialité*, mais on sçait assez que leur cœur n'est plein que d'eux-mêmes. Si quelques-uns pour s'engager à des secours réciproques se dévoüent les uns aux autres, c'est la preuve de leurs dégoûts, de leur inquietude, & de leur opiniâtreté à chercher le bonheur où il n'est pas. On ne trouvera point d'autre fondement dans ces fameuses amitiez, que l'antiquité profane a tant vantées, mouvemens tristes de la politesse de l'esprit de l'homme, & de la bassesse de son cœur.

*Dem.* Marquez-moi donc, je vous prie, le fondement de la parfaite amitié ?

*Resp.* Souvenez-vous que tous les hommes jouïssent d'une même lumiere, qui leur découvre à tous les mêmes mouvemens vers le même bien. C'est un principe que vous avez reçû. Cela étant, les hommes doivent dans leur commune participation se regarder tous comme freres. Si l'un ignore ses avantages, l'autre les lui doit découvrir : Si celui-ci s'écarte du droit chemin, celui-là doit faire son possible pour l'y ramener ; & tous les biens du corps & de la fortune doivent être employez à cet usage. Mais comme la plûpart des hommes n'employent la lumiere qui leur est communiquée que pour se précipiter dans l'erreur, & ne se servent de l'impression qu'ils ont reçûë que pour s'attacher à de faux biens ; on ne doit pas se fier à tous également, il faut tâcher à trouver de ceux qui aiment plus que toutes choses la vérité & la justice, & faire avec eux une societé particuliere. C'est par là que se forment les vrais amis. La communauté des biens éternels, qu'ils reconnoissent entr'eux, y établit celle des biens passagers, & la liberté de se découvrir les un aux autres l'état où ils se trouvent actuellement. Il est certain non seulement que cette espèce d'amitié est fort différente de celles que nous voyons dans le monde, qui n'étant formées que par les passions se dissipent ordinairement par le principe qui les a produites; mais encore que rien n'est plus capable d'établir la paix & la joie dans le cœur, & qu'on y trouve la douceur de la vie. Car enfin tout n'y est-il pas au dessus du tumulte des passions? Ne s'y affermit-on pas dans le bien? La candeur & la simplicité n'y dominent-elles pas? Et n'y a-t-il pas toujours assurance d'un prompt secours? Au fond, ceux qui nous ont fait valoir l'amitié comme le seul bien de la vie, comme ce qu'il y a de plus saint & de plus vénérable, n'ont voulu dire autre chose que tout ceci. Les Payens faute d'idées distinctes nous ont proposé leur Oreste & leur Pilade, leur Damon & leur Pythias, leur Caton & leur Scipion, foibles images de ceux que la connoissance & l'amour des vrais biens ont unis.

*Dem.* Comptez-vous pour rien dans l'amitié la convenance des humeurs & des affections ?

*Resp.* Aimer le même bien & se proposer la même fin, sont, ce me semble, des affections fort assorties : Celles qui n'ont pas les vrais biens pour objet, ne produisent pas des amitiez durables. Un même goût, par exemple, pour les peintures pourra faire des amis ; mais un Tableau que l'un des deux emportera, & que l'autre voudroit avoir, mettra l'amitié en danger, parce que ce Tableau ne peut être le bien de l'un, & apartenir à l'autre ; mais le goût pour la vérité & la justice fortifie de plus en plus les unions qu'il a faites ; parce que ce sont des biens qui suffisent pour tous, & que chacun possede comme s'ils n'étoient que pour lui seul, des biens mêmes qu'on s'approprie de plus en plus en s'excitant les uns les autres à les obtenir.

*Dem.* N'entre-t-il pas un peu de complexion dans les amitiez des plus sages.

*Resp.* Il y en entre sans doute

mais elle n'y domine pas ; & au fond cela suffit qu'elle n'y soit pas dominante. Car durant cette vie rien ne sçauroit être parfait dans l'homme.

*Dem.* Quel ordre après cela doit-on garder dans l'amitié ?

*Resp.* En restraignant le nom *d'amis* à nos proches, à nos domestiques, à tous ceux dont la vertu nous est connuë, nos proches doivent être nos premiers amis, & ensuite nos domestiques, pourvû neanmoins que d'ailleurs toutes choses soient égales. Car tous les hommes étant nos freres, l'étranger en qui nous remarquons la connoissance & l'amour des vrais biens, doit être nôtre ami par préférence à tout autre homme qui n'a pas les mêmes dispositions. Il est juste que la chair & le sang cédent à la Raison. C'est à quoi devroient penser ces amis foibles, qui ne se trouvant que dans les sentimens qui resultent de la construction du corps, étendent l'amour d'elles-mêmes sur leurs proches, sur leurs valets, sur leurs flateurs; & ne trouvent du mérite que dans ceux qui servent à leurs passions.

*Dem.* Quels sont les devoirs du Maître envers son domestique regardé comme tel, & du domestique envers son Maître ?

*Resp.* Dieu ayant tellement disposé toutes choses que par la suite des loix de sa providence les uns se trouvent en possession des biens de la terre, & les autres en sont privez, c'est une necessité que les uns dépendent des autres pour la vie du corps. Mais puisque cette sorte de vie est peu de chose, qu'elle passe, & que les biens qui servent à la conserver periront, il est évident qu'un Maître doit infiniment plus se regarder dans l'égalité de nature qui est entre luy & son domestique, & dans leur commune destination, que dans la difference de sa fortune. Il doit considerer que cet homme qui le sert pour un pain terrestre, peut dans le même instant entrer en possession des biens de l'éternité qui sont l'objet necessaire des vœux & des desirs de tous les hommes. Par la même raison le domestique ne se doit point regarder dans la bassesse de son employ, mais dans l'excellence de sa vocation & des biens qui luy sont reservez s'il suit avec soumission l'ordre de la providence. Sans ces dispositions le maître n'aura jamais qu'un commandement dur ; & l'obéissance du domestique sera toujours forcée : l'un & l'autre se perdront par les moyens qui devoient les sanctifier.

*Dem.* Si l'un ny l'autre ne se trouvent dans ces dispositions, comment pourront-ils les aquerir ?

*Resp.* Celuy qui se trouve Maître avant que de les avoir aquises est à plaindre : mais enfin il pourra y parvenir en rentrant en luy-même s'il est encore capable d'y rentrer. Pour le domestique qui n'a pas eu une éducation propre à les faire naître, il ne les peut attendre que des soins de celuy qu'il sert, de sa douceur, de sa condescendance, de ses instructions : & au fond un Maître n'a pas d'autre droit en se faisant servir que de reprendre son domestique à propos, & de le corriger selon les loix de la charité : s'il croit avoir celuy de le maltraiter quand bon luy semble, il se trompe ; & bientôt il trouvera un Juge qui le luy fera sentir.

*Dem.* Quel ordre doit-on garder dans la distribution des biens temporels par raport à ses proches, à ses domestiques & à ses autres amis ?

*Resp.* La distribution de ces sortes de biens se doit faire selon que ceux qui en ont besoin y paroissent plus ou moins attachez. Il faut donner largement à celuy qui travaille à reprimer ses passions, peu à celuy qui est ardent pour ce qui flatte la cupidité : il faut luy soustraire les moyens de satisfaire son penchant ; il ne faut luy donner que dequoy vivre. Vous en voyez les raisons. La liberalité est necessaire dans la vie civile ; mais quand ce n'est pas la charité qui la regle, ou qu'elle ne se propose pas les biens de l'éternité, elle devient souvent funeste à celuy qui reçoit, & toujours inutile à celuy qui donne.

*Dem.* N'est-il point à craindre que par cette régle on ne fasse bien de mécontens ?

*Resp.* Les hommes attachez à la terre se plaignent toujours quand on ne repond pas aux impressions que les objets sensibles ont faites sur leur cerveau. Mais il faut les laisser se plaindre. Le moment viendra qu'ils reconnoîtront qu'on les aimoit plus qu'ils ne pensoient quand on ne repondoit pas à leurs desirs. Enfin il faut mepriser les biens de la terre, il faut les repandre comme des biens qui ne sont propres qu'à être repandus ; mais si on les repand sans ménagement par raport aux biens de l'ame, la liberalité devient un plus grand mal que l'avarice.

*Dem.* Mais ne nous paroit-il pas souvent y avoir de la vertu où il n'y en a point ?

*Resp.* Ne pouvant pas sçavoir ce qui se passe dans les cœurs, nous devons en juger par les œuvres. Il faut attribuer de la vertu à ceux en qui on voit ce qu'elle ne manque pas de produire où elle est, & agir avec eux comme avec des hommes vertueux.

*Dem.* Accordez-moy, je vous prie, cette Morale avec le precepte d'aimer son prochain comme soy-même ?

*La Morale.*

*Resp.* Aimer Dieu, c'est desirer d'être uni à Dieu, de vivre en luy, de le posseder. Aimer son prochain, c'est luy vouloir du bien ; l'aimer comme soy-même, c'est luy vouloir le même bien qu'à soy même. Mais quel bien se souhaite-t'on ordinairement à soy même ? Sont-ce les biens du corps ou ceux de l'ame ? On sçait assez où en est le commun des hommes à cet égard. Mais s'ils n'aiment que les biens du corps, il est évident, que devant la lumiere de la raison ils sont ennemis d'eux mêmes. Ils ne peuvent donc pas selon cette disposition aimer veritablement leur prochain. Il faut pour s'aimer soi-même, selon le bon sens, n'aspirer qu'aux biens pour lesquels Dieu nous a faits, qu'aux biens de l'éternité. Il se trouve alors qu'on aime son prochain comme on s'aime soi-même par les raisons qu'il n'est pas necessaire de repeter ; & qu'en l'aimant ainsi il ne se peut qu'on n'observe les regles que nous avons marquées.

## CHAPITRE XIV.

*Origine des loix civiles. D'où elles tirent leur force. Quand on doit suivre ou ne pas suivre une loy. Ce que demande nôtre foiblesse.*

*Dem.* LEs hommes ayant tant de lumiere sur leurs devoirs & tant de motifs de les remplir, pourquoy a-t'on fait tant de loix pour les gouverner ?

*Resp.* C'est que les hommes sont si corrompus qu'il n'y a que la peine ou la recompense presente qui soit capable de les toucher.

*Dem.* Mais des Chrétiens peuvent-ils en être encore là ?

*Resp.* Pour être Chrétien on n'est pas delivré de la concupiscence ; & si l'on ne suit les impressions de la foy qu'on a reçuë, on a toujours les mêmes sentimens que si l'on n'étoit pas chrétien. Ne vous étonnez donc pas qu'il ait fallu nous retenir par des oix faites exprez, aussi bien que le este des hommes.

*Dem.* Comment ont commencé ces loix ?

*Resp.* Avant que les biens de la terre eussent esté partagez, chacun avoit droit d'en prendre ce qu'il pouvoit ; & la propriété en étoit aquise avec la possession. La force maintenoit les occupans contre ceux qui vouloient les troubler ; je veux dire, que le droit d'occuper étoit accompagné de celuy d'employer tous les moyens qu'on vouloit pour arrêter ou repousser l'envieux & le perturbateur. On aquetoit par la force, on defendoit par la force ce qu'on avoit aquis. Mais on sentit bientôt les inconveniens de cet état, & pour les éviter on vit de toutes parts plusieurs personnes s'unir ensemble & se fortifier par leur union. Ce furent là les premieres societez : afin d'y maintenir chacun dans ce qu'il possedoit, & d'empêcher de nouveaux troubles, on y fit des reglemens suivant lesquels on pouvoit se defendre ou attaquer. Ces reglemens sont ce que nous appellons *les loix civiles*, lesquelles ayant pour objet les personnes, les choses & les actions se sont prodigieusement multipliées selon les circonstances & les differens genies des peuples. On voit assez que ces loix supposant une puissance qui les fasse observer, chaque societé dût se faire sa justice, ses Officiers, ses revenus publics ; & qu'il se forma ainsi divers états, où chaque particulier trouva la sureté qu'il demandoit.

*Dem.* Ne s'ensuit-il point de là que ce que les hommes se doivent les uns aux autres, n'est fondé que sur des traitez qu'ils ont faits entr'eux, par lesquels ils se sont obligez d'agir de telle & telle maniere les uns à l'égard des autres ?

*Resp.* Il est certain que chaque societé suppose des traitez, & qu'on n'est obligé à certaines choses qu'en consequence des traitez qu'on a faits. Mais les devoirs generaux de la vie, l'obligation de rendre à chacun ce qui luy apartient, & de ne point faire à autruy ce que nous ne voulons pas qu'il nous fasse, ne dépend point de ces traitez : elle est fondée sur la loy immuable que chacun de nous peut consulter,

consulter, & qui nous fait des reproches quand nous ne la suivons pas. Si même nous sommes obligez d'accomplir les choses arbitraires dont nous sommes convenus, c'est que cette loy interieure nous dit, qu'il faut que la societé subsiste, & que sans l'execution des traitez elle ne subsisteroit pas.

*Dem.* N'est-il pas vray que les hommes dans leur conduite les uns à l'égard des autres, ne pensent pas seulement à cette loy, & ne suivent que leur amour propre, sans que cela empêche que la societé ne subsiste ?

*Resp.* Je dis plus : au lieu de faire dépendre l'amour propre de la raison, ils jugent que la raison n'est bonne qu'à servir l'amour propre. Cependant la societé subsiste, parce ce que le Createur a disposé toutes choses avec tant de sagesse, que dans l'enchainement des causes il se trouve tout ce qu'il faut pour empêcher qu'elle ne perisse, & que ce que les hommes passionnez font servir de raison pour arriver à leurs fins injustes, suffit pour la maintenir.

*Tome III.*     H

*Dem.* Mais ne peuvent-ils pas tirer d'un amour propre bien entendu, tous les moyens neceſſaires pour se conserver ?

*Reſp.* L'amour propre de luy-mème n'a point de regle : il est aveugle & impetueux ; si pour la conservation de la societé, il emploie des moyens justes & raisonnables, c'est que la raison le conduit. En un mot, il peut être le motif de ceux qui travaillent pour le bien commun, mais il ne peut être leur guide.

*Dem.* A-t-on besoin auſſi d'un autre guide que de l'amour propre, pour obéir aux reglemens faits pour le bien commun de la societé ?

*Reſp.* Si l'on n'en a pas d'autres, toute l'obeïſſance dégénérera en cabales, en trahisons, en perfidies & en violences. Les loix alors n'étant observées que par la crainte des peines dont les contrevenans sont menacez, on n'aura plus rien à craindre quand on sera le plus fort. Ainsi, le Maître ne sera Maître qu'autant qu'il aura la force dans son parti ; dés qu'il ne l'aura plus, adieu l'empire, le plus fort l'emportera. Nous en avons tous les jours des exemples ; parce que l'amour propre domine dans la plûpart des hommes ; & nous les condamnons ces exemples, parce que cette loy interne dont nous devons faire nôtre regle, ne cesse point de nous parler, & que nous sentons l'obligation de nous soûmettre aux reglemens qui nous l'expriment.

*Dem.* Tout le droit, soit divin, soit humain, ne depend-il pas de la volonté de Dieu & de celle des hommes ?

*Resp.* Il en dépend, je l'avouë ; & c'est par cette raison qu'on l'appelle volontaire. Mais il faut que toute volonté se régle sur la loy dont je viens de parler. Si Dieu agit, s'il nous donne des ordres, il la consulte cette loy ; c'est sa raison, c'est sa sagesse, il ne peut ne se pas conduire par elle. Tout usage de la puissance en doit dépendre. On n'a droit sur les autres, sur ses sujets, sur ses enfans, sur ses esclaves, sur ses biens, sur soy-méme qu'autant qu'elle le donne ; & la volonté des hommes qui a reglé le droit commun & le droit particulier, n'a pû ne les pas régler elle même sur cette maîtresse des esprits, sans causer du mal & du desordre. C'est que nulle intelligence particuliere n'est à elle même sa loy ; & que ce que les hommes tirent de leur fond n'est que corruption & misere.

*Dem.* Ne seroit-ce point par cette raison qu'on nous a toujours dit que rien n'est plus saint & plus sacré que les loix ?

*Resp.* On n'en peut pas avoir eu d'autre : & assurément quand on considere les loix par leur origine & par leur fin, on ne trouve rien dans le monde de plus venerable & de plus auguste, on ne voit point de lien plus capable de former la societé ; puisque d'une part elles se proposent l'utilité commune ; & que de l'autre elles tirent leur force de la souveraine & éternelle raison la lumiere des esprits & le Juge inexorable de tous les cœurs.

*Dem.* Par quelle raison les Legislateurs pretendent-ils ne se pas obliger par les loix qu'ils imposent ?

*Dem.* C'est que n'ayant en veuë que de fixer les esprits, & de les soûmettre autant qu'il est possible à ce que la lumiere naturelle leur prescrit, ils ne peuvent être obligez à rien autre chose qu'aux regles qu'ils decouvrent dans la lumiere naturelle. C'est par cette raison qu'ils dispensent aussi de la loy comme il leur plait, ceux en qui les raisons de la loy ne se rencontrent pas.

*Dem.* Est-on obligé de se soûmettre aux loix que la raison n'a point dictées, quoy qu'elles soient données par une autorité legitime?

*Rep.* Pendant qu'il ne s'agit que de nos biens ou de nôtre vie, il faut se soûmettre à la loy quelque injuste qu'elle puisse être. Si elle tend à nous opposer à Dieu, il faut la rejetter avec courage & fermeté. La raison de cette differente conduite est, que la societé qu'on trouble en n'obéïssant pas aux loix est preferable à nôtre bien particulier; & que Dieu est preferable à la societé qui n'est faite que pour Dieu.

*Dem.* Sufit-il qu'une loy soit

juste pour mettre le Legislateur en droit de la faire suivre à la rigueur ?

*Resp.* L'esprit de l'homme étant borné, & ne pouvant prévoir & comparer que peu de chose, il arriveroit souvent que les regles données par les hommes pour l'ordre de la societé, seroient nuisibles à cette même societé, si elles étoient toujours liberalement observées. *L'équité* vient au secours, & son effet est de corriger les défauts où tombe la loy par sa generalité. Ainsi l'intention de la loy n'étant que de pourvoir au bien public, si à cause de quelques circonstances ce bien ne se rencontre pas dans la loy, *l'équité* demande qu'on y deroge : & sur cela roule tout le commerce de la vie humaine, tous les Actes par lesquels les hommes s'engagent les uns aux autres pour leur utilité commune.

*Dem.* Peut-on toujours faire légitimement ce que telle ou telle loy autorise ?

*Resp.* Quoy qu'une loy soit bonne en elle même, & avantageuse à tout le corps de la Republique, soit parce qu'elle facilite le commerce, ou qu'elle fournit à plusieurs les moyens de subsister, il n'est pas permis à tous de s'en prevaloir également. Ceux qui ne se trouvent pas dans les raisons de cette loy ne doivent pas en tirer avantage : elle leur permet ce que la charité leur défend, & elle ne le leur permet que parce qu'on n'a pas fait des exceptions qu'on a supposé que les hommes raisonnables feroient eux mêmes. La loy civile se tait quand la loy primitive se presente, je veux dire quand la charité, qui est la loy de faire aux autres tout le bien que nous pouvons, nous sollicite.

*Dem.* Que faut-il donc penser de ceux qui cherchent des équivoques dans les termes d'une loy, qui l'obscurcissent ou qui en detournent l'esprit pour la faire servir à leurs interêts ?

*Resp.* Il faut les regarder comme les pestes de la republique, comme les plus cruels ennemis de la societé, comme des infames qui meritent qu'on exerce contr'eux toute la severité des loix.

*Dem.* Les Legiflateurs n'ont-ils à confulter que la raifon & le bien public quand il s'agit de faire des loix?

*Refp.* Comme le bon effet des loix dépend de la proportion qu'elles ont avec le genie de ceux à qui on les impofe, il faut confulter ce genie dans toutes celles qu'on fait; & mêmes en certains cas il faut comme fi l'on n'avoit point de raifon à confulter, n'avoir égard qu'à la foibleffe des hommes.

*Dem.* Marquez-moy, je vous prie, un de ces cas.

*Refp.* Croyez-vous que ce foit une chofe que la lumiere naturelle ait jamais dictée à perfonne, que de donner, & de garder ce qu'on donne jufqu'au tems qu'on ne peut rien poffeder; que de donner des biens aufquels on n'a plus de part; ou de rendre une volonté active lors qu'elle ne fubfifte plus? Cependant c'eft la difpofition des loix qu'on appelle *Teftamentaires*; & elles ont efté tres fagement établies.

*Dem.* En quoy trouvez-vous là tant de fageffe?

*Resp.* L'homme aime la vie, c'est un amour qui le captive, il cherche à diminuer les effrois de la mort, il veut se persuader qu'il a encore quelque part au monde lors qu'il en est sorti; il y veut tenir du moins par ses dernieres volontez. C'est une consolation qu'il se donne, & toute vaine qu'elle est, il ne veut pas en être privé. Seroit-il juste de faire de plus vains efforts pour la luy arracher? C'est donc une sagesse que de s'accommoder à cette disposition de l'esprit humain. Les Legislateurs en ce point ont pris pour la raison le sentiment de leur foiblesse, & la raison les a aprouvez. Car l'ordre veut qu'en certain cas on ait de la condescendance pour les foibles. Enfin souvenez-vous que la fin des loix est d'unir, de soutenir, & de consoler les hommes, de leur procurer autant de bien qu'ils en peuvent attendre de la société; & que c'est par cette raison que si une même loy peut recevoir deux sens differens, ou que dans deux differens cas elle se trouve contraire à elle-même? Ce qui s'appelle *antinomie*, on la viole toujours, si on ne la prend pas selon le sens favorable.

## CHAPITRE XV.

*Droit des gens. Politique raisonnable. Droit de la guerre.*

*Dem.* SI deux nations dont chacune a ses loix & ses maximes, ont des pretentions l'une sur l'autre, qui pourra terminer leur differend.

*Resp.* Elles pourront négocier entr'elles ; & en se relâchant sur quelque chose de part & d'autre, éloigner la discorde.

*Dem.* Mais si la voye d'accommodement ne produit rien, quel parti prendront-elles ?

*Resp.* Elles employeront la force l'une contre l'autre : & alors, malheur à la plus foible. Vous jugez bien qu'une nation ou l'état qu'elle compose ne recevant des loix de personne, elle n'a pas d'autre voye que sa propre force pour se défendre au besoin.

*Dem.* Mais si celle qui n'a que de justes prétentions est la plus foible ?

*Resp.* Ce sera encore un plus grand malheur pour elle. L'autre cependant peut-être dans la bonne foy, & par conséquent peut employer la force comme si c'étoit pour la justice. Ainsi, comme chaque particulier trouve sa sûreté dans la force des Loix de l'Etat dont il est membre, chaque Etat ne peut trouver la sienne que dans sa propre force.

*Dem.* Cette force ne doit-elle pas être employée selon certaines régles ?

*Resp.* Il n'y a que les Barbares qui ne suivent point de régle dans leurs hostilitez. Toutes les Nations polies sont convenuës entr'elles de certaines maximes qu'elles observent comme des Loix, qu'elles se seroient imposées les unes aux autres, dans les affaires qu'elles ont ensemble. Ces maximes composent ce qu'on appelle *le Droit des gens*, qu'on peut définir, *des usages reçûs par les différentes Nations pour procurer ce qui est le plus avantageux à la société uni-*

verselle, & diminuër autant qu'il est possible les maux inévitables. Je dis des usages, parce qu'il ne paroit aucun Traité que les Nations ayent fait à cét égard, mais seulement une pratique reçuë & approuvée de telle sorte, que d'y contrevenir c'est offenser toutes les Nations.

*Dem.* Est-il nécessaire que chaque particulier de chaque Nation reçoive & approuve ces usages ?

*Resp.* Non. Chaque Nation fait un Etat ; & tout le Corps de cet Etat est représenté par les personnes publiques destinées à la gouverner. Ce n'est que de celles-là dont on demande le consentement & l'approbation.

*Dem.* Quels sont les devoirs de ces personnes ?

*Resp.* C'est de se proposer uniquement le bien commun. Toutes leurs vûës, tout leur conseil, toute leur application, tous leurs soins se doivent terminer là. Et comme les voyes de la prudence sont plus propres à le procurer, que les voyes de la force, il ne faut employer celles ci que lors qu'on n'en trouve plus d'autres.

*Dem.* Quelles sont les voyes de prudence dans la deffense des Républiques ?

*Resp.* C'est 1. de se faire un esprit de justice, & dans cet esprit de préférer ce qui peut empêcher l'ennemi d'entreprendre. 2. C'est de ne point s'entêter de vieilles prétentions : Ce sont les prétextes de l'usurpation. *Vieilles prétentions*, dit le Proverbe, *vieilles Chansons.* Si dans l'ordre civil la prescription est nécessaire, elle l'est bien davantage dans le droit des gens, où les Puissances se font justice à elles-mêmes. 3. C'est de faire des alliances dont on puisse tirer du secours au besoin, & d'empêcher celles dont on pourroit être incommodé. Enfin c'est d'employer tous les moyens possibles pour mettre les Esprits dans la disposition, d'où s'ensuit la sûreté publique.

*Dem.* Peut-on légitimement mettre la division d'une part, pendant qu'on fait des accommodemens de l'autre ?

*Resp.* Toutes les unions qui sont opposées au bien public sont opposées à la justice. On a donc raison de travailler à les rompre.

*Dem.* Mais n'est-il pas vrai que ce qui est avantageux à un Etat ne l'est pas toujours à un autre ?

*Resp.* J'en conviens ; & tout ce qu'on en peut conclurre, c'est que chaque Etat doit travailler pour sa sûreté selon les besoins présens, & laisser le reste à la Providence: Heureux celui dont les Négociations ont un génie supérieur.

*Dem.* Approuvez-vous aussi ces dissimulations & ces déguisemens dont on se sert dans les Négociations ?

*Resp.* Tout ce qui n'est point l'ouvrage de la cupidité, de l'ambition ou de l'avarice, est légitime par la fin qu'on se propose. On prend les hommes par où l'on peut. L'amour propre les domine ; on ne peut approcher d'eux que par lui ; on se sert de cet amour propre pour les gagner. Il est permis d'avoir de l'adresse, & de l'employer à propos par la parole & les manieres. L'imagination a esté donnée aux hommes pour cette fin. Il n'y a que les moyens mauvais par eux-mêmes, comme la trahison & la mauvaise foy, qui soient toujours des crimes.

*Dem.* Est-il permis de faire des alliances avec des Nations qui commettent des injustices, ou qui ont de mauvais sentimens sur la Religion?

*Resp.* Il faut laisser à un chacun le soin d'examiner sa conscience; & se servir de tout ce qui peut mettre l'Etat à couvert des entreprises d'une Puissance ennemie.

*Dem.* Quelles sont les raisons pour lesquelles un Etat peut employer la force contre un autre?

*Resp.* Les hommes sont si méchans & si corrompus, que quelques précautions qu'on prenne pour se conserver, on ne peut pas toujours éviter leurs insultes. Alors un Etat est en droit de se faire justice à lui-même; & comme un particulier offensé ou dans ses biens, ou dans sa personne, reçoit action contre l'offensant: Un Etat aussi peut prendre les armes, soit pour sa deffense, soit pour le recouvrement d'une partie de son Domaine, soit pour punir une injure qu'il a reçûë : les causes de faire la guerre se réglent sur les sources des actions judiciaires.

*Dem.* Ne peut-on pas aussi entreprendre la guerre pour venger la Religion ?

*Resp.* La Religion est une affaire à part, dont Jesus-Christ s'est reservé la connoissance. Je sçai qu'on en prend souvent le prétexte dans les guerres qu'on entreprend : mais je ne sçai si ce fut jamais la cause véritable d'aucune guerre. Aussi doivent-elles avoir un autre fondement. On peut marcher contre des Infidéles ou des Hérétiques, pour arrêter leurs violences, & délivrer les innocens qu'ils tiennent dans l'oppression, mais non pas précisément parce qu'ils sont infidéles ou rebelles à l'Eglise. Jesus-Christ, qui les observe, sçaura bien les réduire, quand il le jugera à propos. S'il les souffre, c'est pour en éprouver nôtre charité & exercer nôtre patience.

*Dem.* Le trop grand accroissemens

*La Morale.*

d'une Puissance ne seroit-il point un sujet raisonnable de l'attaquer ?

*Resp.* Cet accroissement peut entrer en considération quand on délibère si l'on fera la guerre : mais ce ne peut estre une raison principale de la déclarer. Un Etat a droit, aussi-bien qu'un particulier, de s'enrichir & de se fortifier ; si c'est aux dépens d'un autre Etat, c'est l'affaire de celui-ci, & non d'un autre.

*Dem.* Suffit-il pour faire la guerre avec justice, qu'elle soit entreprise par l'un ou l'autre des motifs que vous avez marquez ?

*Resp.* La guerre a ses formalitez comme les procés. Les Nations sont convenuës à cet égard ; & cela pour empécher la surprise, & faire voir qu'on s'appuye sur son bon droit. Ainsi les formalitez non observées rendent une guerre extérieurement injuste.

*Dem.* Quelles sont ces formalitez ?

*Resp.* Les principales sont de la déclarer & d'en exposer les raisons ; j'entens les raisons *persuasives* & intérieures. Car celles qu'on appelle *justificatives* ne tendant qu'à donner quelque couleur à des desseins injustes, ce ne sont pas des raisons.

*Dem.* N'apartient-il d'entreprendre la guerre qu'à ceux qui sont revêtus de la puissance publique ?

*Resp.* La guerre étant une procédure violente qui met tout l'Etat en danger, il ne peut être permis à aucun particulier de la faire de son autorité privée. C'est à l'Etat lui-même à agir ; & l'Etat est comme compris dans ceux qui le gouvernent.

*Dem.* Quand les armes sont levées, tout est-il permis contre l'ennemi ?

*Resp.* On peut agir contre lui selon la qualité de la faute qu'il a commise. Ce qu'on ne peut faire de vive force on peut le tenter par la ruse, ou en répandant la terreur ; pourvû neanmoins que la terreur ne se répande que par la voye publique des armes, & que la ruse ne consiste qu'en stratagemes sans perfidie ni trahison.

*Dem.* Est-il contre l'ordre de la

guerre de corrompre un Gouverneur de Place ou un Officier général.

*Resp.* C'est à peu près la même chose que dans l'ordre civil de corrompre un Procureur pour emporter une piéce justificative des prétentions de sa partie. Ces voies sont odieuses & préjudiciables à toutes les Nations. Tout ce que la force ou le stratageme ne fait point n'est nullement de bonne guerre.

*Dem.* Quelles mesures doit-on garder dans l'usage de la force ?

*Resp.* C'est d'épargner avec beaucoup de soin toutes les personnes dont l'âge, le sexe & les occupations n'ont rien de commun avec les armes, & de ne s'en prendre jamais aux choses que la Religion nous oblige de respecter.

*Dem.* Est-ce toujours un crime de piller & de brûler ?

*Resp.* On peut quelquefois en venir à ces extremitez. Mais ce ne peut être, par exemple, que pour des injustices ouvertes, pour des outrages excessifs qu'on a reçûs, pour des sermens violez ; en un mot, pour des actions qui obligeroient un Juge d'Office à condamner un particulier à la mort. Car il faut toujours mesurer ce qu'on peut faire dans la guerre, sur le pouvoir que donnent les Loix civiles dans l'Etat. On agit alors pour le bien de toute la société humaine, dont le salut demande de tels exemples. Et là vous pouvez reconnoître la corruption effroyable des hommes, dont les débordemens ne se peuvent arrêter que par des moyens si violens.

*Dem.* Mais est-il juste que ceux qui n'ont pas fait le mal portent la peine comme des coupables ?

*Resp.* Que voulez-vous ? C'est un malheur inévitable. Comme dans la guerre chaque Soldat est revêtu de la puissance publique contre l'ennemi : de même en certains cas chaque particulier d'un Etat qui a mérité la mort, représente cet Etat.

*Dem.* Est-il nécessaire pour faire périr un Etat de mettre à mort tous les membres qui le composent.

*Resp.* Non : Quelque criminel que soit un Etat, il faut pardonner à ceux qui se soumettent. Sa mort consiste dans l'épuisement de ses forces. Alors en conséquence de l'injure qu'il a faite, de la dépense qu'il a causée, & de son opiniâtreté dans le mal, ses armées, ses chevaux, ses arsenaux, ses forteresses, ses trésors changent de maître. Ce n'est plus un Etat : il se fait une révolution, tout ce qu'il étoit est dévolu à la puissance victorieuse.

*Dem.* De ce qu'on ne tuë que ceux qu'on appelle ennemis, est-on toujours exemt du crime d'homicide ?

*Resp.* Comme il n'appartient pas à des sujets de rechercher les intentions secretes de l'Etat, & qu'ils ne sont pas obligez de sçavoir les loix de la guerre. Ils doivent toujours supposer qu'elle est juste, & agir suivant les ordres qu'on leur donne. Mais c'est à l'Etat lui-même, je veux dire à ceux qui représentent l'Etat à bien rechercher leurs motifs, s'ils ne veulent pas se rendre responsables des malheurs que la guerre attire sur les Peuples. Vous pourriez me faire ici beaucoup de questions sur ce qui regarde le droit de la guerre ; mais ce n'est pas de quoi je dois vous parler présentement ; Vous le découvrirez assez en consultant la lumiere naturelle sur l'Etat où se trouve le genre humain, & sur ce que nous nous devons les uns aux autres.

*Dem.* Ne sçavons-nous pas trop que ceux qui entreprennent la guerre ne consultent d'ordinaire que l'ambition ; & que ceux qui combatent n'agissent que par fureur & brutalité ?

*Resp.* Nous le voyons, il est vrai : & c'est ce qui fait que la guerre est un enchainement d'autant de crimes que de miseres, ou qu'elle est comme le dernier effort de la corruption du cœur humain. Cependant elle est dans l'ordre de la Providence. Si elle ne se fait pas pour la fin qu'elle doit avoir, elle ne laisse pas de soutenir la societé par quelque endroit ; & du moins elle sert à Dieu pour nous faire voir sensiblement qu'il est le Juge des Nations ; & le maître de tous les Empires.

*Dem.* Comment un Etat fera-t'il voir qu'il ne se propose dans la guerre que sa sûreté & la justice ?

*Resp.* Ce sera en recherchant toutes les voies d'accommodement ; en se relâchant volontiers sur ce qui n'est point essentiel, en bannissant des Traitez toute ambition ambiguë, & en s'y prescrivant, pour ainsi dire, la clemence & l'oubli de toute injure.

## CHAPITRE XVI.

*Destination des Souverains. Devoirs des Sujets.*

*Dem.* Peut-il y avoir plusieurs Souverains d'un même Etat ?

*Resp.* Il ne peut y avoir qu'une Souveraine Puissance ; mais elle peut ou résider dans une seule personne, ou être partagée entre plusieurs, soit que ces personnes soient tirées des Grands que l'Etat a formez, soit qu'elles soient tirées du Peuple immédiatement. Et c'est de là que sont venues suivant le génie & les goûts différens des Nations, les diverses formes de Gouvernemens, qu'on appelle *Monarchique*, *Aristocratique*, *Démocratique*, & ceux qui participent de l'un ou de l'autre, ou même de tous les trois.

*Dem.* Comment s'est-on avisé de faire des Souverains ?

*Resp.* Jettez les yeux sur l'état de la vie humaine, vous connoîtrez bien-tôt d'où les Souverains sont venus. Un Peuple est continuellement appliqué à ce qui regarde cette vie, au commerce, aux divers arts ou métiers, à la culture des Terres, toutes choses qui de leur nature partagent les intérêts. Ce Peuple se conduit beaucoup plus par les sens, que par la Raison ; & par conséquent est sujet aux procès & à la discorde. Il a donc besoin de quelqu'un en qui la Raison soit la supérieure, & qui ait le pouvoir de faire rendre à un chacun ce qui lui appartient. Ce même Peuple a des voisins,

voisins, que l'envie & l'avarice dominent souvent : il ne peut à cause de son peu de lumiere & de ses occupations, ni prévoir ni prévenir les maux dont il est menacé au dedans & au dehors ; il choisit celui des lumieres & du courage duquel il peut attendre cette prévoyance & ce service ; il lui défére le commandement, & il s'engage à obéir. Ainsi le Souverain doit sa souveraineté au choix du Peuple, de la voix duquel Dieu se sert : & suivant l'ordre éternel de la Providence, sa destination est de travailler uniquement pour le bien & le repos du Peuple.

*Dem.* Ceux qui ont par succession la souveraine puissance, ont-ils les mêmes obligations ?

*Resp.* La succession n'étant qu'une élection continuée, elle ne peut produire que ce qu'a produit l'élection primitive.

*Dem.* Et de ceux qui sont Souverains par la voie des conquêtes, qu'en pensez-vous ?

*Resp.* Je sçai que ceux-là prétendent ordinairement ne devoir rien au Peuple, & que le Peuple leur doit tout : mais ils n'en sont pas moins obligez pour cela de mériter ce qu'ils ont acquis par la force, en pratiquant ce qu'une élection volontaire demande d'eux.

*Dem.* Quel pouvoir a le Souverain en conséquence de sa destination ?

*Resp.* Elle lui donne un plein pouvoir sur les biens, sur la vie, & sur la liberté de chaque particulier.

*Dem.* Mais s'il devient tyran, faudra-t-il se soumettre à ses volontez ?

*Resp.* Si le Souverain agit tyranniquement, ce n'est pas par un fait pur & simple, comme parlent les Jurisconsultes, c'est par un fait qui est revêtu de quelque effet de droit en conséquence de la situation où l'on s'est mis devant lui. Il est d'autant plus coupable, que le pouvoir dont il abuse est plus absolu : mais c'est à celui qui est au dessus de lui à le juger. C'est au Peuple qui s'est mis au dessous à obéir & à se taire.

*Dem.* Le Peuple lui ayant transferé la puissance, ne peut-il pas la lui ôter ?

*Resp.* Prenez garde. Le Peuple s'est soumis : mais il n'y a que Dieu qui donne la puissance. Car elle ne réside qu'en Dieu ; & l'élection ayant esté faite selon l'ordre de la Providence, qui conduit tout ici bas, les hommes ne peuvent plus changer ce qui a esté fait.

*Dem.* Mais enfin n'y a-t-il pas eu un Traité fait entre le Souverain & le Peuple, & ne faut-il pas que les conditions de ce Traité s'accomplissent de part & d'autre ?

*Resp.* Il y a un Traité, j'en demeure d'accord : mais ce n'est point en vertu de ce Traité que le Souverain est revêtu de la puissance, c'est en vertu de l'ordre établi du Createur, qui se sert des causes libres comme des causes nécessaires pour éxécuter ses desseins.

*Dem.* Quel pouvoir a donc le Peuple, n'a-t-il que celui de se soumettre ?

*Resp.* Il peut établir telle forme de gouvernement qu'il lui plait, &

telles maximes que bon lui semble pour être gouverné : il peut se réserver de donner la souveraineté à qui bon lui semblera après la mort du Souverain, ou la donner actuellement à ses descendans ; il peut en exclurre les filles, & ne la donner qu'aux mâles pour empêcher qu'elle ne passe par la succession dans un sang étranger : mais pour la puissance, il ne la peut révoquer, puis qu'à proprement parler, il ne la donne pas, & que c'est seulement par lui qu'elle se donne. Si pour vous convaincre il faut employer une comparaison, je vous dirai que comme un mari est toujours mari, toujours chef & toujours maître de sa femme, quoi qu'il n'éxécute pas ce qu'il a promis en contractant ; de même un Souverain est toujours Souverain quelque usage qu'il fasse de la puissance, par cette raison qu'il y a pour la souveraineté comme pour le mariage, une disposition divine indépendante de tout contract.

*Dem.* Quel inconvenient y auroit-il, que le Peuple eût le pouvoir de déposer un Souverain qu'il auroit fait ?

*Resp.* Je suppose qu'on ait ce pouvoir. Pour être en droit de le déposer, il faudroit du moins que le bien qui s'ensuivroit de sa déposition, fût aussi certain que celui qui s'ensuit en général de l'établissement de la puissance souveraine. Or c'est ce qu'il n'est pas possible de prévoir : Et quand on pourroit avoir quelque certitude là-dessus, le Peuple ne pourroit pas s'en raporter à lui-même, lui que le caprice conduit, qui veut & qui ne veut plus ; & qui sçait par expérience que souvent il change en mal ce qu'il croit changer en bien. Certainement les maux qui s'ensuivent de la déposition d'un Souverain, sont toujours plus à craindre que ceux qu'on prétend éviter en le déposant : ses injustices & ses violences ne sçauroient faire autant de mal, que les divisions & les guerres intestines ou autres, que la rebellion produit toujours. D'où je conclus que rien ne seroit plus pernicieux au Peuple, que le pouvoir d'ôter la souveraineté à celui qu'il auroit reconnu pour son maître.

*Dem.* L'Ecriture appuye-t-elle entiérement ce que vous dites en faveur des Souverains ?

*Resp.* Lisez ce que Dieu dit aux Juifs dans l'établissement des Rois d'Israël. Il ne met point de bornes à l'obéissance du Peuple. Il ne prétend pas approuver les Tyrans, mais il prétend que le Peuple n'aura pas droit de résister. Et nous voyons aussi que ceux qui ont esté conduits par l'Esprit de Dieu, n'ont jamais résisté aux puissances établies. Ils ont souffert patiemment les violences des Tyrans, & ils n'ont eu que de l'horreur pour la cabale & l'esprit de parti. Ils demeuroient fermes dans la Loy de Dieu, qui loin d'être sujette à la puissance humaine en est l'appui & le principe : mais ils n'entreprenoient rien contre l'autorité de celui qui la leur vouloit faire violer, parce qu'ils sçavoient d'une part que cette autorité ne dépend point de la conduite du Souverain ; & de l'autre, qu'il vaut mieux souffrir des excés que d'employer des remédes pires que le mal. Ils suivoient l'ordre de Dieu, & ils abandonnoient le reste à sa Providence.

*Dem.* N'est-il pas du moins permis de se plaindre quand on est traité avec trop de rigueur ?

*Resp.* On ne peut murmurer contre la conduite de son Souverain, que faute de foy & de confiance en Dieu. Je suppose que telle domination amene toutes les tribulations imaginables, je dis qu'alors Jesus-Christ avance plus son ouvrage & que ses fidéles sujets acquierent plus de gloire, que dans une prospérité non interrompuë. De plus, nous ne pouvons être tentez au dessus de nos forces. C'est donc faute de foy que nous murmurons, & qu'il nous échape des paroles d'impatience & d'aigreur. Le Politique s'en abstient pour ménager sa fortune, mais le Chrétien s'en doit abstenir pour la conscience.

*Dem.* Et avec un usurpateur comment faut-il se conduire ?

*Resp.* Quand un Peuple se soumet

à un usurpateur, c'est qu'il juge qu'il est plus avantageux de se soumettre que de résister. Il se soumet pour le bien de la société. Il faut qu'il obéisse & qu'il persévére dans l'obéïssance. Le bien de la société le demande ainsi.

*Dem.* Mais un usurpateur n'ayant aucun droit, n'a-t-on pas toujours celui de le chasser ?

*Resp.* Il ne faut pas ici chercher le droit, c'est sur l'état présent des affaires qu'il faut se régler. On doit tenir jusqu'à l'extrémité pour son Souverain légitime : on peut malgré les succés d'un usurpateur ne le point reconnoitre & s'éloigner des terres qu'il a usurpées : on le peut, dis-je, & souvent on le doit ; mais il faut souffrir en patience sa domination, quand on y a une fois consenti. C'a esté la conduite du peuple de Dieu. Les Juifs furent fidéles aux Perses contre Alexandre jusqu'à ce qu'ils ne purent plus résister ; ensuite ils ne furent pas moins fidéles à Alexandre tout usurpateur qu'il étoit.

*Dem.* Si celui qui a droit au païs usurpé revient contre l'usurpateur, quel parti prendront les sujets ?

*Resp.* En ce cas chacun peut suivre le sentiment où il se trouve pour son légitime Souverain. Si nous considérons un peu ce que nous sommes, & le bien que nous attendons, nous n'aurons pas de peine à nous soumettre dans tout ce qui regarde la vie présente, & à quelque épreuve que nous soyons mis.

*Dem.* Ne s'ensuit-il pas de tout ceci que le Souverain n'est obligé à rien ?

*Resp.* Que dites-vous-là ? Quoi que le Peuple n'ait pû faire de Loy au Souverain en l'élisant ; le Souverain est neanmoins indispensablement obligé de suivre l'intention qu'a eu le Peuple dans l'élection qu'il a faite. Ce Peuple s'est mis dans la dépendance, il a demandé qu'on le gouvernât ; mais il n'a pas prétendu se rendre esclave & malheureux, il a voulu se procurer une vie plus sûre, plus commode, & moins agitée. Il a prétendu se faire un *tuteur* en se faisant un Souverain. Ainsi les devoirs d'un Souverain ne sont pas d'une autre nature, que ceux d'un bon pere de famille dont un Tuteur tient la place. Et assurément la Raison, cette souveraine éternelle de tous les Esprits, ne le met à couvert de toute puissance humaine, que pour se reserver toute l'autorité sur lui. C'est elle qui lui impose toutes les conditions que les hommes n'ont pas droit d'imposer. Elle se sert d'eux pour l'élever sur le trône, & elle lui ordonne en même tems de sacrifier son repos à celui du public; de préférer le travail au plaisir, de ne s'appliquer qu'à faire regner la justice & la solide pieté; de se dépouiller de lui-même pour procurer le bien de ses sujets. S'il prend le parti des sens & des passions, elle sera pour lui un Juge d'autant plus rigoureux, qu'il est moins obligé de rendre compte de sa conduite à ceux qui se sont soumis à sa domination. Et ce que je dis du Souverain se doit entendre à proportion de tous ceux qui travaillent sous son autorité pour le gouvernement.

*Dem.* Comment les choses sont-elles venuës à l'état où nous les voyons ?

*Resp.* Le Souverain ne pouvant porter tout le poids des affaires, y appella ceux qu'il reconnut pour les plus prudens & les plus courageux : il se servit des uns pour établir l'ordre au dedans, & des autres pour repousser les ennemis au dehors, d'où se sont formez comme deux nouveaux Corps dans l'Etat, celui des Conseillers & celui des Nobles, quoi qu'il semble que dans l'origine des choses les Ministres de l'Etat en ayent esté en toutes manieres les appuis.

*Dem.* Est-ce là précisément l'origine de la Noblesse ?

*Resp.* On ne peut pas la regarder par un autre endroit ; l'épée qu'elle porte lui est un avertissement perpétuel de sa destination à défendre le Peuple, & à se sacrifier pour lui : il ne peut y avoir d'autre fondement de ses droits, de ses priviléges, de tous ses honneurs : qu'elle juge aprés cela de ses devoirs.

*Dem.* Mais pourquoi cette Noblesse héréditaire ?

*Resp* C'est afin qu'il y ait toujours des deffenseurs tout prêts pour l'Etat. On préfére aux autres ceux dont les ancêtres se sont signalez pour le bien commun de la société, parce que les exemples domestiques ont beaucoup de pouvoir sur les Esprits ; & que si l'on y joint une éducation convenable, l'Etat reçoit de ceux là les plus grands services qu'il puisse attendre. Enfin si vous y regardez de prés, vous trouverez que malgré tous les desordres qui défigurent en tant de manieres la société humaine, il lui reste toujours des traits qui prouvent trop qu'elle est l'ouvrage d'une puissance éternelle & d'une sagesse infinie.

## CHAPITRE XVII.

*Maniere de préparer un Prince à gouverner sagement.*

*Dem.* QUELLES précautions doit-on prendre pour porter un Souverain à remplir tous ses devoirs ?

*Resp.* Quand il est dans la maturité de l'âge & dans l'exercice de la puissance, tout ce qu'on peut faire, c'est de demander à Dieu, qui s'est reservé le pouvoir de le juger, qu'il dirige toutes ses vûës & tous les mouvemens de son cœur. Quand il est jeune & soumis à l'instruction, on a divers moyens pour l'incliner à la justice qui comprend toutes les vertus : & comme la souveraineté est tellement au dessus de tous les états de la vie, que d'elle dépend le bonheur de tous les Peuples, il n'y a rien qu'on ne doive tenter, point de dépense qu'on ne doive faire, point de soin, point d'application qu'on ne doive aporter pour établir celui qui doit un jour l'exercer dans les voies qui lui conviennent.

*Dem.* Par qui faut-il commencer ?

*Resp.* Par éloigner de lui toutes ces ames basses & mercenaires ; tous ces lâches flateurs qui viennent lui faire entendre par leurs discours ou leurs manieres, que tout est fait pour lui, & qu'il est le centre de la nature. Il faut autant qu'il se peut dans les commencemens, lui faire remarquer sa corruption & ses miseres : il faut le convaincre par mille expériences, des raisons qu'il a de se défier de lui-même.

*Dem.* Mais pourra-t-on empécher qu'il ne pressente sa grandeur future ?

*Resp.* On ne le pourra. Mais pour empécher qu'il ne s'en entéte, on lui donnera beaucoup d'exemples de la fragilité des grandeurs humaines, & du malheureux état de ceux qui s'y appuyent : on lui découvrira les sources de la véritable grandeur.

*Dem.* Comment le préviendra-t-on sur les plaisirs sensibles qui sont comme attachez à la souveraineté, & qui s'ouvriront bien-tôt à lui de toutes parts ?

*Resp.* Il faudra les lui représenter tels qu'ils sont en eux-mêmes, & par raport à nous ; & en lui aprenant que ce n'est pas ici le lieu d'être heureux, lui faire voir que les plaisirs qu'on prépare avec tant de soin aux Souverains, supposent de grands travaux, que ce sont des délassemens d'esprit qui ne sont nullement dûs à sa personne, mais seulement à son emploi, & qui l'avertissent de se préparer de plus en plus au travail.

*Dem.* Et de la magnificence qui le doit accompagner par tout, quelle idée lui en donnera-t-on ?

*Resp.* Celle d'une foible décoration, inventée pour attacher des peuples autant qu'ils le doivent être, à ceux qui doivent se sacrifier continuellement pour leur conservation. Car enfin il ne faut pas qu'il s'y trompe, toute sa grandeur & tout son éclat n'est fondé que sur cette obligation : il n'est pas Souverain pour lui-même, il l'est pour le Peuple ; & c'est au fond ce Peuple que Dieu aime, puis qu'il l'environne de tant de protecteurs.

*Dem.* Que pourront lui servir toutes ces considerations quand il jouira des plaisirs ?

*Resp.* Il faut le convaincre, que bien qu'on les lui abandonne, il ne lui est pas plus permis qu'à un autre homme de s'y abandonner ; qu'il n'en doit prendre qu'autant qu'il est nécessaire pour la conservation de sa vie ; qu'il doit s'humilier dans cette nécessité, parce qu'en effet il n'y a pas de preuve plus sensible de la foiblesse du cœur humain.

*Dem.* Mais au milieu de tant de délices pourra-t-il ne se pas laisser enchanter ?

*Resp.* Pour détourner par avance l'enchantement, il faut lui faire sentir qu'il est fait pour quelque chose de plus grand que tout ce qui l'environne ; que les plus superbes bâtimens, les apartemens les plus riches, les jardins les plus délicieux, les tables les plus splendides, les concerts les plus doux, tout ce que l'imagination peut inventer de plus agréable & de plus éclatant, n'a rien de satisfaisant pour un cœur qui sent ce qu'il est ; & que ce sont pour les Maîtres de la Terre autant d'épreuves de l'attachement qu'ils ont à la Loy de Dieu, ou à eux-mêmes.

*Dem.* Quelles instructions sont nécessaires au Souverain pour le gouvernement ?

*Resp.* Il faut lui découvrir le goût, la force & le génie du Peuple qui lui est soumis, les maximes de l'Etat, & les affaires présentes, le faisant toujours remonter au principe des biens ou des maux actuels de la République. Il faut à proportion lui découvrir l'esprit des Nations voisines ; & s'il se peut, le caractére des Princes qui les gouvernent, leurs prétentions vraies ou fausses, leurs intrigues, leurs ressources ; & lui aprendre avec les loix de la guerre l'art de se deffendre & d'ataquer.

*Dem.* Quels Livres lui doit-on

mettre entre les mains pour l'exercer à la Politique ?

*Resp.* L'Ecriture Sainte : il y trouvera la Politique que Dieu approuve, & celle que Dieu condamne, les exemples dont il a besoin, & les maximes dont il ne doit jamais se départir.

*Dem.* Ne doit-il pas aussi lire les Historiens & les excellens Politiques ?

*Resp.* Il peut lire les Historiens, pourvû que ce soit plutôt pour se divertir que pour s'instruire. Ce ne sont point les affaires du tems passé qu'il doit sçavoir, ce sont celles de son tems. D'ailleurs les stratagemes des Gaulois sont usez, & on ne se laisse plus surprendre par les adresses d'Annibal & de Pyrrhus. La difference de celui qui prétend s'instruire par des Auteurs d'avec celui qui étudie l'homme, & ce qui se passe sous ses yeux, est que celui-ci se rend propre à agir selon les circonstances ; & que celui-là ne se rend que parleur sans pénétration & sans principe. Si les exemples de l'Histoire peuvent servir, c'est tout au plus indirectement pour les mœurs, & non pas pour se conduire dans les affaires. Pour la lecture des Politiques, je la croi tres-dangereuse, par cette raison principale qu'ils ne veulent trouver l'art de gouverner, que dans les excés de la corruption du cœur humain, & que leurs hommes d'Etat sont ordinairement les plus fourbes & les plus cruëls de tous les hommes: ils mettent la Religion à part, comme si elle n'étoit propre qu'à gâter le gouvernement, ils ne veulent que les aparences de la Foy & de la Loy. Mais on voit assez, ce me semble, que Dieu ayant voulu l'établissement des Républiques & des Empires, sa Providence a préparé les moyens nécessaires pour les gouverner; & qu'ainsi c'est la derniere insolence que de substituër les adressés de la corruption aux moyens qu'il nous fournir. Il faut sur tout éloigner le Prince de ces imaginations contagieuses qui ne trouvent les Héros que dans de nombreuses conquêtes, & qui persuaderont toujours, à une ame sans expérience, que de regner sans en faire, ce n'est être Souverain qu'à demi: il faut lui montrer que l'héroïsme ne gît point là, que c'est le plus vain & le plus faux de tous les éclats; & que s'il aquiert autrement qu'à regret la qualité de Conquerant, il sera plus à plaindre que les Nations conquises. Car j'entens ici par *Conquêtes* les usurpations qu'on fait des terres & du domaine d'autrui.

*Dem.* Par quel endroit faudrat-il donc lui représenter l'heroïsme?

*Resp.* Par la gloire de résister aux mouvemens de la nature corrompuë. N'est-ce pas être Héros que de vivre dans les grandeurs sans s'en entêter, dans les plaisirs sans se corrompre, dans la puissance sans en abuser. Où est le courage, où est la force de celui qui ne suit que ses injustes penchans?

*Dem.* Quels motifs lui donnerat-on de se dépouiller ainsi de luimême?

*Resp.* On lui représentera le sort funeste d'un Souverain qui songe plus à contenter ses passions qu'à rendre son Peuple heureux, ses inquietudes, ses soupçons, ses dégoûts, l'état de plusieurs qui ont demandé l'indolence ou l'état de la bête, qui vît sans soin: on lui représentera les malheurs dont il est menacé à tous momens; & d'autre part l'excellence de son emploi qui le destine à veiller sur un Peuple que Dieu aime, & à régler une societé dans laquelle Dieu veut établir son culte & mettre sa complaisance. Enfin on le fera souvenir qu'il est homme de même espéce, que ces miserables qui périssent sous le fer & sous le feu par l'orgueil des Conquerans, qu'il doit mourir, & que s'il manque à l'humanité, sa grandeur se dissipera comme une foible vapeur, & ses honneurs seront changez en opprobre.

*Dem.* Ne faut-il point attendre que l'Esprit du Prince soit formé pour lui faire de si grandes leçons?

*Resp.* C'est par ces sortes de leçons qu'on lui doit former l'Esprit. Mille choses dont on peut amuser le commun des hommes ne sont pas dignes de lui. Il est destiné à tout ce qu'il y a de plus grand dans la vie humaine, il faut d'abord lui présenter les plus grands sentimens. Il n'y a que la manière de le faire. Les premières années sont les plus propres pour l'y faire entrer : il n'est plus tems d'y venir quand les passions ont pris l'essor ; & attendre ce tems-là, c'est l'exposer à tout perdre, & manquer au devoir le plus essentiel envers le Souverain.

*Dem.* N'y a-t-il point de mesures à prendre pour empêcher que l'heureuse constitution de ses Etats ne le jette dans l'oisiveté ?

*Resp.* Il faut lui faire entendre que quelque bonnes intentions qu'il ait, il a toujours à craindre que ses voisins ne le viennent troubler ; & que pour prévenir leurs entreprises, il doit toujours avoir des troupes prêtes, former des Capitaines, & ordonner des exercices militaires comme s'il étoit chaque jour à la veille de combattre : il faut lui faire voir l'importance d'envisager les tems fâcheux dans les tems de prospérité, & de l'exercer par beaucoup de réfléxions aux affaires qui lui peuvent survenir, comme si déja elles venoient en foule. La prospérité aveugle l'esprit si l'on n'y prend garde : on est tout occupé des biens dont on jouït ; on ne tourne la tête ni à droit ni à gauche, on suit le chemin ouvert. C'est une disposition parfaite à se laisser prendre au dépourvû. S'il vient une affaire facheuse, on ne sçait par où s'y prendre, les expédiens ne se découvrent point, on ne trouve point de ressource en soi-même, on a perdu l'habitude de penser. Par là tombent souvent les Républiques les plus florissantes, leur prospérité les trahit, elles manquent au besoin de Conseillers & de Capitaines. Si l'on fait faire au Souverain ces sortes de réfléxions, elles l'empêcheront bien de croire qu'il n'ait plus rien à faire quand tout va bien dans ses Etats.

*Dem.* N'est-il point quelquefois à propos qu'il donne de la terreur à ses voisins pour les tenir dans le respect ?

*Resp.* Qu'il se rende redoutable par sa vigilance, par sa justice & son courage, à la bonne heure. Mais il faut l'accoutumer à un stile doux, & à s'attirer le respect de ses égaux par des manieres respectueuses. L'air grave & majestueux lui siéd toujours? mais la fierté desole, & il n'y a rien qu'on ne tente pour l'abatre dans celui qui la fait trop sentir. On ne peut trop établir le Souverain dans ce principe, qu'une des plus grandes douceurs de son regne, est de bien vivre avec ses voisins, que pour cela il doit éviter tout ce qui peut leur donner ombrage, & ne rien négliger de ce qui peut attirer leur confiance.

*Dem.* Ne faut-il pas aussi qu'il sçache un peu dissimuler ?

*Resp.* Il est quelquefois à propos de dissimuler, c'est à dire ; de ne pas voir certaines choses qui se dissipent d'elles-mêmes, que si on vouloit s'y opposer. Mais en tout autre sens la dissimulation est une contrainte indigne d'un Souverain ; c'est ordinairement le masque de la tromperie & de la mauvaise foy ; & quand elle serviroit à couvrir les foiblesses du cœur, du cœur, elle est toujours indigne, parce qu'un Souverain doit sur le témoignage de sa conscience être égal dans tous les évenemens de la vie. Cette égalité n'empêche pas qu'il ne cache ou découvre ses pensées selon qu'il est à propos ; mais passant du dedans sur le visage & la contenance, elle fait que personne ne le peut déviner.

*Dem.* Mais peut-on dans ce bas monde parvenir à cette égalité ?

*Resp.* Il faut du moins en approcher autant qu'on le peut, & raisonner toujours avec le Souverain sur ce principe, à moins qu'on n'aime mieux l'instruire à dissimuler aux hommes ce qu'il est, qu'à se rendre juste devant Dieu.

*Dem.* Croyez-vous après tout qu'il soit possible de s'opposer toujours aux mouvemens naturels d'un jeune Prince ?

*Resp.* Voila où nous en sommes : Une fausse tendresse nous amolit, & nous fait faire grace aux passions ; ou bien nous nous rebutons de l'opiniâtreté de la nature corrompuë :

Un jeune Prince est abandonné à ses mouvemens, & après on gemit sous son empire.

*Dem.* N'est-il pas vrai que ceux d'entre les Rois d'Israël, qui ont esté élevez avec le plus de précaution, n'ont pas toujours esté les plus sages ?

*Resp.* Ces Princes étoient Juifs, & les nôtres sont Chrétiens. Les nôtres reçoivent des secours qui n'étoient pas donnez aux Juifs, & qui nous répondent du fruit d'une éducation sainte. Mais en tout cas on la leur doit cette éducation : & c'est tenter Dieu, & se tromper soi-même, que d'attendre sans elle un gouvernement favorable.

## CHAPITRE. XVIII.

*Les usages & les raports de la puissance temporelle & de la puissance spirituelle.*

*Dem.* Marquez-moy, je vous prie, le grand usage de la puissance dont Dieu a revêtu les Chefs des Peuples?

*Resp.* Dieu ayant donné toutes les Nations du Monde à JESUS-CHRIST, comme nous avons vû ailleurs, il lui a soumis aussi toutes les Puissances qui les gouvernent: & comme le grand Ouvrage de Jesus-Christ c'est son Eglise, toutes les Puissances créées se terminent à la servir.

*Dem.* Mais s'il y a tant de Souverains dans le Monde qui ne connoissent point Jesus-Christ, comment ceux-là peuvent-ils servir l'Eglise?

*Resp.* Ils gouvernent des societez; & de ces societez Jesus-Christ tire chaque jour de nouveaux sujets; Voila leur maniere de contribuër à

K ij

l'Ouvrage de Jesus-Christ. Mais pour ne nous pas partager l'esprit, laissons-là les Nations, que Dieu, selon la justice de ses jugemens a comme abandonnées, & ne nous arrêtons qu'à celles qui reconnoissent Jesus-Christ pour leur Chef, & qui vivent dans la Communion qu'il a établie. Je dis que ces Nations étant faites pour l'Eglise, les Puissances par lesquelles elles se gouvernent sont établies pour agir de concert avec celle de l'Eglise, & contribuër ainsi à la perfection de ceux que Jesus-Christ a sanctifiez.

*Dem.* Quels sont les usages particuliers de la Puissance temporelle par raport à l'Eglise ?

*Resp.* C'est de rassembler, de gouverner, de protéger des hommes que l'Eglise reçoit dans son sein, & qu'elle prépare pour le monde futur, où se terminent les Royaumes & les Empires du monde.

*Dem.* D'où s'est formée la Puissance Ecclésiastique ?

*Resp.* Je vous ay déja dit, ce me semble, que le pouvoir de faire des Réglemens, & d'établir une Discipline qui porte les hommes à mettre en pratique la parole de Dieu, est une suite nécessaire du dépôt que Jesus-Christ a fait de cette sainte parole à son Eglise.

*Dem.* Qui sont ceux que cette Discipline regarde ?

*Resp.* Ceux précisément qui ont reçû la parole de Jesus-Christ, & qui le reconnoissent pour leur Dieu. A l'égard des autres, l'Eglise n'a que la voye de la patience & de l'humilité.

*Dem.* Quelle est la fin de la Puissance Ecclésiastique ?

*Resp.* C'est d'unir les hommes à Jesus-Christ. La Puissance Séculiere affermit par diverses Loix la société humaine. La Puissance Ecclésiastique soûtient par d'autres Loix la société Chrétienne. L'une arrête les ennemis visibles ; l'autre s'oppose aux ennemis invisibles. L'une pourvoit au bien du corps ; l'autre pourvoit au bien de l'ame. Et comme le corps est fait pour l'ame, il faut aussi que la Puissance Séculiere prête son ministere à l'Eglise dans les occasions où elle en a besoin. C'est une suite de la subordination des deux Puissances.

*Dem.* Pourquoi le Souverain n'a-t'il pas le pouvoir de faire des Loix pour le gouvernement de l'Eglise ?

*Resp.* C'est qu'il n'a pas esté fait le dépositaire de la parole de Dieu, & que n'ayant reçû la foy que par l'Eglise, il seroit contre toute raison qu'il reglât la dispensation des Mystéres, la Doctrine des Fidelles, & ce qui regarde la conscience & l'ordre de la Religion.

*Dem.* Ne semble-t'il pas néanmoins par les Cérémonies religieuses de sa consecration, qu'il en reçoit le pouvoir ?

*Resp.* Toutes ces Cérémonies ne tendent point à faire naître cette idée. Elles ne font que l'avertir, qu'il est constitué le surveillant d'une societé dont Jesus-Christ veut tirer des sujets, qu'il est commis de Jesus-Christ, & que l'Eglise le prend pour son appuy dans toutes les occasions où il faudra employer la force pour le bien de ses enfans.

*Dem.* Quel raport a la Puissance Ecclésiastique à l'Etat ?

*Resp.* C'est d'elle que dépendent les bonnes ou les mauvaises dispositions des sujets. C'est sous elle que les Peuples sont instruits, & les Peuples sont toujours tels qu'on les instruit & qu'on les mene. Ce qui fait assez voir combien les Souverains ont d'interêt à procurer de bons Ministres à l'Eglise, puisque les Peuples sont bons ou méchans selon les bons ou les mauvais Ministres. C'est aussi la suite naturelle de l'ordre établi de Dieu. Les empires du monde sont faits pour la Cité céleste, il faut que le Clergé qui nous unit à Dieu fasse le bonheur de l'Etat.

*Dem.* Ne pourroit-on point conclurre de ceci, que le Souverain peut s'ingérer dans les matiéres Ecclesiastiques?

*Resp.* Nullement. Le Souverain doit toujours laisser à l'Eglise la charge de tout ce qui regarde le spirituël. Mais il peut sans y toucher s'appliquer de tout son possible à détourner ce qui peut corrompre la pureté de la Doctrine & des mœurs, & à établir ce qui peut entretenir cette même pureté. Il le peut, dis-je,

& c'est également son devoir & son intérêt.

*Dem.* Convient-il de même à une Eglise de paix & de charité d'avoir une jurisdiction contentieuse ?

*Resp.* Sans cela comment pourroit-elle toujours régler ce qui regarde le spirituël ? Elle connoit ses usages & ses maximes ; c'est à elle à examiner si on les suit, & à les faire observer à ceux qui sont soumis à sa discipline. Dans ce qui regarde le temporel, elle ne s'ingére point ; ou si elle s'en mêle, ce n'est que comme Arbitre entre des parties qui veulent terminer leur different à l'amiable.

*Demande.* Qui peut empêcher que deux Puissances également établies de Dieu, & absolument parlant, pour une même fin, ne soient pas toujours d'accord entre-elles ?

*Resp.* C'est la cupidité, l'orgueil, l'ambition, l'avarice.

*Dem.* Cela étant, l'Eglise devroit-elle jamais avoir tort ?

*Resp.* L'Eglise est sous la direction de Jesus-Christ, qui sçait bien empêcher qu'elle ne se corrompe ; mais elle est gouvernée extérieurement par des hommes qui ne sont pas moins de chair & de sang que les autres. Ainsi on ne doit pas s'étonner qu'ils écoutent souvent plus ou l'ambition ou l'avarice, que le bien des ames qui leur ont esté soumises, & ausquelles ils doivent l'exemple.

*Dem.* Quelles sont les causes ordinaires de la mesintelligence de ces deux Puissances ?

*Resp.* Ce sont certains droits, dont l'une s'est quelquefois relâchée en faveur de l'autre, selon les conjonctures où elles se sont trouvées.

*Dem.* Le droit de l'une peut-il devenir celui de l'autre ?

*Resp.* Il le peut par *concession*, selon les circonstances du tems, du lieu & des personnes. Mais l'homme toujours insatiable de puissance & de grandeur, toujours oubliant sa dépendance & ce qu'il est, en fait bientôt ses propres droits : & c'est ce qui cause dans la République Chrétienne ces scandales que nous y voyons trop souvent. Si les Puissances établies pour travailler à l'avancement du Regne de Jesus-Christ, s'occupoient moins de leurs propres interests que des siens, où elles renonceroient de part & d'autre à des droits dont la concession a esté faite pour des raisons qui ne subsistent plus, ou du moins l'une laisseroit à l'autre pour le bien de la paix ce que la possession semble lui avoir acquis.

*Dem.* Ces Puissances étant destinées à détourner le mal, d'où vient qu'elles souffrent des desordres ausquels elles pourroient s'opposer? Ne semblent-elles pas autoriser en tous les lieux de débauche, les spectacles, les jeux publics, en les souffrant?

*Resp.* Pour ne vous pas méprendre ici, souvenez-vous que l'usage de la Puissance temporelle est de maintenir la société civile; & que celui de la Puissance spirituelle est de nous ramener à Dieu par le bon usage de nôtre liberté. Cela supposé, l'Etat doit souffrir certains desordres; & l'Eglise ne nous contraindre en rien.

*Dem.* En quel cas l'Etat doit-il souffrir des desordres?

*Resp.* Lors qu'il ne peut que par de moindres maux en détourner de maux plus grands. Il ne peut faire de Loy qui autorise le mal ; mais il peut pour amuser les féneans & les insensez qui le troubleroient, ouvrir un Théatre & des lieux qui ayent quelque proportion avec leurs inclinations. Il agit avec eux comme n'étant chargé que du repos public, & nullement de leur conscience dont il laisse le soin à l'Eglise.

*Dem.* Pourquoi donc l'Eglise ne retient-elle pas ces Esprits déréglez ?

*Resp.* C'est, comme je vous ay déja dit, qu'elle n'use point de contrainte. Il est vrai qu'elle ne doit souffrir aucun mal : mais aussi déclare-t-elle qu'elle n'en veut souffrir aucun ; qu'elle a en horreur tous ceux qui levent l'étendart pour les sens & les passions ; & même qu'elle les exclut de sa communion. C'est là sa maniere de ne pas souffrir : & par là elle ne tend qu'à faire rentrer les hommes en eux-mêmes, sçachant bien qu'il n'y a que ce retour qui puiſſe les mettre dans l'ordre. Ainſi, ceux qui concluënt de ce que l'Etat ſouffre certains lieux publics, & de ce que l'Egliſe ne les renverſe pas, que ce qui s'y paſſe eſt permis, font voir qu'ils ne connoiſſent ni ce qui convient à l'Etat, ni ce qui convient à l'Egliſe.

*Dem.* L'Egliſe ne peut-elle pas exiger de l'Etat qu'il empêche le mal qu'elle ne peut ſouffrir ?

*Reſp.* L'Egliſe fait en cela ce qu'elle doit. Quand l'Etat contraindroit des hommes que l'Egliſe auroit inutilement exhortez, ceux-là en feroient-ils plus ſages devant Dieu ? La Pieté & la Religion entrent-elles dans les Eſprits par la voye de la contrainte ? Et à juger de l'homme tel qu'il eſt, ne voit-on pas que l'Etat tomberoit dans de plus grands inconveniens que ceux que l'Egliſe auroit voulu détourner, ſi elle s'opiniâtreroit à cet égard ? Tout ce que l'Egliſe demande de l'Etat, c'eſt que le Souverain qui le gouverne donne de grands exemples à ſes ſujets, que dans le ſouvenir que ſes mœurs influënt comme de la tête dans les membres le bon ou le mauvais esprit, il ait une attention particuliére sur lui-même ; & que ne pouvant généralement empêcher les dérégleinens de la conduite, il employe du moins sa puissance contre les Esprits téméraires qui prétendent les soûtenir par principes, & qui réduisent en maximes ce que la corruption leur a apris. Comme de tels principes & de telles maximes étouffent les remords, & éteignent en quelque sorte la lumiere naturelle, c'est aussi par là que le mal prend racine dans l'esprit & dans le cœur ; d'où s'ensuit la confusion du gouvernement & la desolation des Républiques. C'en est assez, ce me semble, pour mériter l'attention de l'Eglise & de l'Etat.

*Resp.* Quand on considére l'esprit & la conduite des hommes, peut-on espérer d'en faire quelque chose pour Dieu ?

*Resp.* Croyez-moi ; Ce qui nuit aux uns sert aux autres. Les plus grands desordres du monde sont suivis d'évenemens dont chacun contribué à la grandeur & à la beauté de la Maison céleste pour laquelle est fait ce monde. C'est l'effet de la prescience & de la sagesse du Créateur : Aussi nous souffre-t-il sans interrompre les Loix qu'il a établies dans la nature ; & se contentant d'inspirer son Epouse ; afin que sans rien changer dans l'ordre des choses il amene par elle ses Elûs à la vérité & à la justice. Voila pourquoi cette Epouse toujours attachée à son Epoux, & toujours ferme dans ses principes, ne se rebute point de la dureté de ses enfans, ne cesse jamais d'agir, ne se lasse point de souffrir jusqu'au jour de son triomphe.

## CHAPITRE XIX.

*Devoirs envers soi-même. Principe unique de vertu & de gloire. Ce que c'est que l'utile.*

*Dem.* QUEL est le principal de nos devoirs envers nous-mêmes ?

*Resp.* C'est de faire usage de la lumiere que Dieu communique à chacun de nous, & de compter pour rien les opinions communes quand il s'agit du réglement des mœurs & de la perfection de l'Esprit.

*Dem.* Pourquoi tant négliger ces opinions communes ?

*Resp.* C'est qu'elles nous représentent toutes choses tout autrement qu'elles ne sont, qu'elles font chercher le bonheur où il n'est pas, & qu'elles fabriquent des vertus que Dieu réprouve. Vous êtes Chrétien & raisonnable. Vous vous devez à vous-même de ne chercher la vertu que dans la *Foy*, l'*Espérance* & la *Charité*.

*Dem.* Ne me dois-je pas aussi à moi-même d'acquerir la Prudence, la Justice, la Force & la Tempérance ?

*Resp.* Ouy sans doute. Mais si ces quatre Vertus sont comprises dans les trois que je viens de vous marquer ; pourquoi voulez-vous les acquerir séparement ? Craignez-vous de n'être pas prudent, quand vôtre foy vous fera éviter les occasions dangereuses, & rentrer en vous-même pour ne rien faire qui la démente ? Craignez-vous de n'avoir point de justice, quand la Charité vous fera rendre à un chacun ce qui lui appartient, estimer les hommes à proportion de leur mérite, & aimer chaque chose à proportion qu'elle est aimable ? Craignez-vous de n'être pas tempérant, quand la même Charité fera que vous vous accommoderez aux tems, aux lieux & aux personnes, & que vous vous ferez *tout à tous* ? Craignez-vous d'être sans force & sans courage ; quand l'espérance des biens célestes vous fera surmonter les difficultez de la vie, & vous rendra indifferent pour tout ce qui est passager ?

*Dem.* Quel danger y a-t-il d'acquerir les vertus qui conviennent à l'homme pour se préparer à celles qui conviennent au Chrétien ?

*Resp.* N'êtes-vous pas Chrétien avant que vous travailliez à l'acquisition des Vertus ? Et croyez-vous qu'on puisse être homme, je veux dire raisonnable sans être Chrétien ? On peut être homme pour la société ; mais on ne l'est point selon ce qu'on doit à Dieu & à soi-même. Les Payens qui ne pouvoient ni aimer Dieu comme il veut être aimé, ni le prochain comme on doit l'aimer, ni sacrifier les faux biens aux biens célestes, faisoient bien de travailler du moins à se rendre sociables. Mais c'est à la societé éternelle qu'il faut que vous tendiez, vous êtes fait pour elle ; & s'il suffit de travailler à vous en rendre digne, pour vous aquiter de tous les devoirs de la societé présente ; c'est un détour fort inutile que de débuter par les vertus que vous apellez humaines. Vous vous devez, ce me semble, à vous-même d'aller à Dieu par le chemin le plus court.

*Dem.* Pourquoi donc les saints Docteurs nous renvoyent-ils souvent à la conduite de certains Payens ?

*Resp.* C'est pour confondre ceux d'entre-nous qui ne gardent nulle mesure, ou qui ne semblent n'être frapez d'aucune vérité. Ils regardent seulement une certaine conduite extérieure, qui certainement est la moindre partie de la Morale, & qui mêmes ne se soûtient pas sans les dispositions du cœur, comme on peut le faire voir par beaucoup de circonstances de la vie & de la mort des plus célébres Payens. Ainsi les Peres parlant alors plutôt en Orateurs qu'en Philosophes, ce qu'ils ont dit à cet égard ne tire point à conséquence. Sçavez-vous pourquoi on se trompe volontairement sur ce point, c'est que d'une part on n'ose pas renoncer à la vérité; & que de l'autre on ne veut pas renoncer à soi-même. Selon cette disposition on laisse-là les vertus Chrétiennes qui supposent un Jesus-Christ pour modéle, on les remet à une autrefois, ou l'on en fait une affaire à part ; & on cherche cependant des vertus qui laissent la nature dans toute sa corruption, & qui n'obligent point à combatre les passions favorites.

*Dem.* Mais ce dessein de se rendre commode dans la societé civile ne vous touche-t-il point ?

*Resp.* Je vous ay déja fait voir en plusieurs manieres que l'homme dans la societé n'est pas moins obligé de reconnoître sa corruption & sa dépendance que dans la Religion. La vérité est une. La societé est pour la Religion. De quelque maniere que l'homme se considére, il faut qu'il attribuë tout à Dieu, & qu'il renonce à lui-même. Ce qui trompe encore, c'est que ce que l'on apelle societé n'est autre chose que le monde selon toutes ses maximes déréglées, & que le monde comme tel demande absolument qu'on se conduise avec lui par un autre Esprit que celui de la Religion.

*Dem.* Ne faut-il pas cependant vivre avec tout le monde, & ne pouvant amener les autres à nos maximes, nous accommoder aux leurs ?

*Resp.* Croyez-vous que nous ne puissions pas nous supporter les uns les autres par les principes de la Religion ? Ou voulez-vous dire, que le monde étant incorrigible, nous devons suivre le torrent, vivre d'opinion & de coutume, nous conduire en toutes choses par interêt & préjugé ? J'avouë que sans cela on est singulier dans le monde. Mais parce que pour être approuvé du commun des hommes il faut donner par tout dans le faux, voulez-vous prendre ce parti, & ne vous pas contenter de l'approbation des Esprits raisonnables, ou plutôt de celle de Dieu même ? J'aurois bien des choses à vous dire là-dessus ; mais je dois vous y laisser penser. Souvenez-vous seulement que s'il est ridicule de prétendre s'exemter des infirmitez & des miséres attachées à la nature humaine, il n'est pas honteux d'adopter les foiblesses volontaires du commun des hommes.

*Dem.* Le préjugé est-il aussi à craindre sur la gloire que sur les vertus ?

*Resp.* On fait ordinairement consister la gloire à s'attirer l'admiration des hommes, & à vivre toujours dans leur mémoire. Mais sommes-nous faits pour plaire aux hommes, ou pour plaire à Dieu ? Les hommes sont-ils faits pour s'occuper de nous ? Si nous faisons quelque action digne d'être regardée, n'est-ce pas Dieu qui la fait en nous ? Et s'il la fait, pourquoi nous en attribuer la gloire ? Voyez la disposition de celui qui en est là. Il usurpe ce qui n'appartient qu'à Dieu, & détourne autant qu'il est en son pouvoir tous les Esprits de la route qu'ils ont à suivre. Aussi peut-on assurer que c'est le crime le plus puni dés-à-présent, & qu'il n'y a pas d'ame plus tourmentée & plus inquiéte que celle de ces hommes qu'on appelle *Héros*, par cette raison qu'ils sont toujours en guerre contre Dieu. La douceur que quelques-uns se sont promise après la mort dans la mémoire des hommes, étoit une fiction qui découvre assez la foiblesse de leur Esprit, & le peu de ressource qu'ils ont pour se soulager dans leurs cruelles inquiétudes.

*Dem.* Ne seroit-il donc pas permis d'acquerir de la gloire ?

*Resp.* Cela vous sera tres-permis. Et pour en acquerir, vous n'avez qu'à faire tout le bien que vous pouvez, vous anéantir devant Dieu en le faisant, & le lui raporter tout entier. Alors Dieu vous glorifiera & par ses créatures & par lui-même.

*Dem.* Tout ceci ne conviendroit-il point mieux à des Anges qu'à des hommes ?

*Resp.* La même Raison qui éclaire les Anges éclaire les hommes, tous les Esprits lui sont également redevables. Auriez-vous peur d'en faire trop ? Je sçai qu'en qualité d'hommes nous ne serons toujours que trop abaissez vers la Terre par les sens & l'imagination : mais suivons autant qu'il nous est possible, la lumiere qui se présente à nous, & invoquons celui qui nous a promis de nous soûtenir au besoin, vous verrez que ce que vous croyez n'être possible qu'aux Anges, le devient aux hommes les plus foibles quand ils ont le courage d'agir.

*Dem.* Et de l'utile quelle idée en aurons-nous ?

*Resp.* Les uns prétendent que tout ce qui est honnête est utile ; les autres, que tout ce qui est utile est honnête. Les premiers sont les Héros, ou du moins ceux qui aspirent à l'héroïsme. Ils apellent honnête tout ce qui flate leur ambition & leur orgueil. Les seconds sont les voluptuëux & les avares qui méprisent tout ce qui ne se raporte point à leurs passions. La confusion qu'ils font est égale, ils sont opposez les uns aux autres, & ils se précipitent également.

*Dem.* Ne voulant être ni orgueilleux ni voluptuëux, par où distinguerons-nous l'honnête d'avec l'utile ?

*Resp.* Par la distinction de l'ame & du corps. Comme l'ame est préférable au corps, il faut préférer l'honnêteté à l'utile ; mais comme nous devons conserver nos corps, & prévoir les besoins de la vie présente, il ne faut pas en tous sens négliger l'utile. Par l'*honnête*, il faut entendre les biens de l'ame, la vérité & la justice. Par l'*utile*, les biens du corps ; toutes les choses ausquelles les hommes ont attaché les commoditez de la vie.

*Dem.* Ce qui est honnête n'est-il pas toujours utile à l'ame ?

*Resp.* Ouy sans doute. Mais parce que souvent il mortifie le corps, & qu'en cela il est opposé à l'*utile*, qui n'a que le corps pour objet, rien n'est plus dangereux dans la Morale que de confondre généralement l'utile avec l'honnête. Quand on distingue bien l'ame d'avec le corps, & ce qui convient aux deux substances, on ne s'y trompe pas.

CHAP.

## CHAPITRE XX.

*Empêchemens à la connoissance & l'amour de la vérité.*

*Dem.* QUELLES mesures faut-il prendre pour entrer dans les maximes que vous venez de marquer ?

*Resp.* Il faut rentrer souvent en soi-même, faire beaucoup de réfléxion sur tout ce qui s'y passe, & comparer toutes les pensées de son Esprit, & tous les mouvemens de son cœur avec ce que nous dit la Raison universelle & la Sagesse incarnée.

*Dem.* Ne faut-il lire que les paroles de cette Sagesse ?

*Resp.* On doit lire encore les Livres qui tendent à nous la faire aimer ; ceux qui nous donnent des ouvertures pour nos emplois ; ceux enfin qui renferment des principes exacts, & qui nous accoutument à raisonner : Car il faut autant qu'on peut unir la Raison à la Foy.

*Dem.* Ne seroit-il point mieux d'agir selon la Foy, & de ne point raisonner ?

*Resp.* C'est tres-bien fait d'agir selon la Foy. Mais prenez garde d'écouter trop ces Esprits difficiles, qui tantôt sont en humeur de raisonner, & qui tantôt n'y sont pas : ils veulent toujours raisonner quand ils espérent y avoir de l'avantage ; ils veulent aussi qu'on raisonne quand ils croyent qu'on ne pourra rien prouver ; mais au moment qu'ils sentent leur foible, ou qu'ils s'aperçoivent qu'on est fondé en principes, ils se retranchent aux lieux communs, à la Foy, à la soûmission d'esprit, comme si ces dispositions excluoient l'usage de la Raison. Non : Ne vous y trompez pas, la Foy soûtient la Raison, & la Raison fait l'honneur à la Foy quand on la voit dans son parti.

*Dem.* Peut-on faire un meilleur usage de sa Raison que de lire beaucoup, & d'aprendre tout ce que les Auteurs ont dit sur toutes sortes de matieres ?

*Resp.* En quoi vous peut servir la science des opinions des hommes, de leurs imaginations & de leurs extravagances ? Appliquez-vous à connoître la vérité ; mais la vérité qui touche, qui éclaire, qui conduit, & qui fait des reproches quand on ne la suit pas. Voilà l'emploi d'une Créature raisonnable.

*Dem.* Ne peut-on pas la découvrir de plus en plus cette vérité à force de lire ?

*Resp.* Si vous sçavez que ce soit là le moyen de la découvrir, lisez toujours, & ne vous lassez point; mais si l'expérience nous aprend au contraire, que ces grands lecteurs, ces faiseurs perpétuels de Recueils, qu'on pourroit apeller des Bibliotéques vivantes, ne sont pas moins formez aux véritez essentielles, que remplis de l'opinion de leur sçavoir, voudrez-vous marcher sur leurs traces ?

*Dem.* Ne m'avouërez-vous pas du moins qu'une grande lecture nous sépare du monde, dont le tumulte est de la ennemi vérité ?

*Resp.* Elle vous sépare du monde, j'en conviens ; mais elle ne vous fait pas quiter l'esprit du monde : au contraire cet esprit vous engage parfaitement à l'étude de tout ce qui a de l'éclat ; il n'est ennemi que de la méditation : & c'est précisément ce qui fait les ténébres de nos sçavans. Ils sçavent tout, parce qu'ils sont toujours prêts à répéter ce qui est dans les Livres ; & pourtant ils ne sçavent rien, puis qu'ils avoüent eux-mêmes qu'ils ne voyent rien avec clarté.

*Dem.* Comment l'esprit du monde s'accommede-t-il de tant de lecture ?

*Resp.* Quand cet esprit est accompagné de passions vives & violentes, il ne laisse point lire, il trouble avec l'entedement la mémoire & l'imagination : mais ôtez cette violence, il laisse son esclave lire tout ce qui peut servir à l'ostentation & à entretenir l'orgueil.

*Dem.* Faudra-t-il donc négliger toutes les instructions qu'on peut tirer des Poëtes, des Orateurs, & des Philosophes ?

*Resp.* Il faut prendre la vérité par tout où l'on la trouve. C'est un bien qui nous apartient. Mais il n'est pas nécessaire de s'attacher à tant d'Auteurs pour la trouver, s'il m'est permis de dire ce que j'en pense. Le grand usage qu'on fait des Poëtes & des Philosophes Payens produit des maux infinis. On les étudie, on s'y attache sous prétexte du désir de se perfectionner l'esprit, & on se le corrompt entiérement, corruption qui passe bien-tôt au cœur.

*Dem.* Pourquoi en jugez-vous ainsi ?

*Resp.* C'est que la confiance en soi-même, & l'opinion de leurs propres lumieres ont esté les principes de tous leurs raisonnemens. De corruption dans la nature, ils n'en ont jamais connu. Les Stoïciens si renommez par leur autorité singuliere en étoient-là. Eblouïs de leurs propres idées ils ne promettoient rien moins que de refondre la nature de l'homme.

*Dem.* Comment s'y prenoient-ils pour tenir leur promesse ?

*Resp.* Ils étaloient une pompeuse Philosophie, à laquelle ils donnoient pour fondement le *Destin*, c'est à dire, un certain enchaînement de causes, nécessaire, éternel & immüable, auquel ils assujetissoient les hommes & les Dieux également; & à force de céder à ce destin ils prétendoient si bien se vaincre eux-mêmes, qu'ils ne connoissoient plus de passions, & que ni la douleur ni le plaisir n'avoient plus de prise sur eux. Vous eussiez vû alors des ames indépendantes, à qui l'Empire sur toute la nature étoit déféré, qui ne devoient qu'à elles-mêmes cet empire; & qui ne sçavoient plus s'occuper que de leur excellence. On ne peut gueres concevoir d'extravagance plus insigne. Cependant ces Docteurs non seulement ont esté l'élite des Philosophes anciens, mais encore sont regardez par plusieurs de nos Modernes comme des prodiges de Raison.

*Dem.* En quoi remarquez-vous leur extravagance?

*Resp.* En ce qu'ils supposoient

tirer d'eux-mêmes de leur propre fond la lumiere & la force d'agir; & que dans l'expérience de mile sentimens contraires ils se croyoient sans corruption, & des sources de justice, capables de le disputer aux *Dieux*.

*Dem.* Croyez-vous que les Poëtes fussent fort attachez à cette secte?

*Resp.* Ils la suivoient quand l'Enthousiasme les prenoit. Alors ils ne poussoient que des sentimens héroïques; en d'autres tems ils s'hymanisoient, & soûmis au penchant de la nature ils ne trouvoient la vie que dans le plaisir. C'est ce qui fait ce haut & ce bas qui regne dans leurs ouvrages, ce melange perpetuel de galanterie, de bonne chere & de vertu. Si vous pensez qu'en lisant de telles piéces on se perfectionne l'esprit, assurement vous vous trompez.

*Dem.* Que deviendront les belles lettres, si l'on n'a plus de goût pour les Poëtes, les Philosophes & les Orateurs?

*Resp.* On en fera un petit jour

pour se délasser l'esprit en certains tems ; & encore après avoir bien reconnu le foible, les ténèbres, & le malheur de ces Auteurs pour lesquels on est si sujet à se passionner. Car si vous vous en faites une affaire sérieuse & capitale, vous serez homme de belles lettres, & vous ne connoîtrez ni les raports que vous avez à Dieu, ni ceux que vous avez à tout ce qui vous environne, vous ne vous connoîtrez pas vous-même, & toujours semblable aux enfans vous ferez de vôtre vie un amusement perpetuël.

*Dem.* Si ne lisant les Poëtes que pour me délasser l'Esprit ils viennent à me charmer, que ferai-je?

*Resp.* Ne les lisez que lors que vous vous sentirez au dessus de leurs charmes. Attendez l'expérience & la maturité nécessaire pour éviter la contagion de leurs maximes & de leur langage.

*Dem.* N'est-il pas vrai néanmoins qu'on ne peut que par là ouvrir les sciences aux jeunes gens ?

*Resp.* Quelle erreur ! On débute

par là. Mais voyez les fruits de ce début. Quelle vertu, quelle religion parmi les hommes ! En effet, comment accorder ce qu'on dit contre les amusemens & les dissipations du siécle, contre les rafinemens de l'orgueil & la fausse vertu, avec toutes ces fables & ces idées profanes dont on nourrit les jeunes gens ; avec ces ostentations payennes qu'on leur fait admirer ? Est-ce pour les préparer à la mortification des sens qu'on instruit leur imagination, & qu'on les exerce dans tout ce qui donne le goût du siécle ? Est-ce pour les convaincre que Jesus-Christ est la source de toute lumiere, & qu'il peut seul remedier à leur corruption qu'on leur fait valoir une vertu stoïque, qu'on les passionne pour des Poëtes, & qu'on veut leur faire trouver dans le Paganisme la régle des mœurs & les plus nobles sentimens ?

*Dem.* N'a-t-on pas des moyens pour appliquer les jeunes gens aux belles lettres sans nuire à leur Religion ?

*Resp.* Je veux qu'il y en ait, que servent-ils si on ne les met pas en pratique ? Mais croyez-moi, sans vous prévenir des usages & de la coutume, laissez les autres suivre la route que bon leur semble, & souvenez-vous que vous n'avez que deux choses à faire ici bas, qui sont de vous perfectionner l'esprit, & de vous régler le cœur ; que l'un ne se perfectionne que par la connoissance de la vérité ; & que l'autre ne se régle que par l'amour de la justice. Aprés cela employez vôtre tems selon que vôtre conscience l'approuvera.

## CHAPITRE XXI.

*Suite du même sujet.*

*Dem.* QUELLES précautions faut-il prendre pour ne faire acquisition que de science solide ?

*Resp.* Il faut chercher des principes clairs & incontestables, raisonner sur ces principes, ne s'en écarter jamais ; & lors que le préjugé ou le témoignage des sens se présente, demeurer court jusqu'à ce que la lumiere l'ait dissipé. Car pour peu qu'on l'écoute, on donne entrée à l'erreur.

*Dem.* Quels sont ces principes clairs que nous ayons à suivre ?

*Resp.* Ce sont les notions les plus simples de l'Esprit, telles que sont celles-ci. Nous ne nous sommes pas faits nous-mêmes ; nous sommes faits pour une fin : ce qui *pense* ne sçauroit être de la matiere : Il faut préférer l'ame au corps, la

Raison aux richesses, &c.

*Dem.* Tout le monde ne reçoit-il pas ces principes ?

*Resp.* On les reçoit assez, de tout tems ils ont esté assez connus; mais on n'en aime pas, & on n'en veut pas voir les conséquences. Pendant qu'ils paroissent dans leur simplicité, & pour ainsi dire, sans rien nous demander, on les trouve raisonnables ; mais quand ils se montrent avec leur suite, & qu'ils imposent des loix, on les laisse-là comme de belles visions. Le préjugé, l'exemple, la coutume, le langage des sens entrent dans tous les droits de la Raison ; on ne raisonne plus que contre la Raison même.

*Dem.* Quand le préjugé s'est ainsi rendu le maître, n'en peut-on plus revenir ?

*Resp.* Comment en reviendroit-on ? Il commence par établir une vie toute sensible, & il s'appuye par une Philosophie accommodée aux sens, fondée sur l'incertitude, & compatible avec tout ce que l'on veut imaginer. Pourquoi penſez-vous qu'un Auteur enſeigne qu'on ne ſçait pas ſi la matiere n'a pas la propriété de penſer, ou s'il n'y a pas de deux ſortes de matiere, dont l'une penſe, quoique l'une ne penſe pas, c'eſt que ſon imagination intereſſée ne lui a pas permis de comparer la penſée avec l'étenduë, elle lui a dérobé la vûë de l'immortalité. Pourquoi enſeigne-t-il qu'il n'y a rien de faux ni de vrai, de juſte ni d'injuſte par ſoi-même, & que chacun a ſa raiſon particuliere; c'eſt que ſon imagination l'a convaincu, qu'il lui étoit plus commode d'être à lui-même ſa loy, que d'en reconnoître une immüable dont il ne ſe pût diſpenſer. Pourquoi enſeigne-t-il que l'homme ſe fait à lui-même ſon bonheur; & que peut-être les animaux en ſont capables comme nous: c'eſt que ſon imagination ne lui a pas laiſſé conſiderer ſon origine & ſon état, ni pouſſer ſes vûës au-delà de ce bas monde: elle l'a tenu rabaiſſé ſur ce qui lui frapoit les ſens: il n'y a rien de ſi bizarre, qu'elle ne lui fasse soûtenir.

*Dem.* La foy ne tient-elle pas lieu des meilleurs raisonnemens dans ceux qui font les plus mauvais?

*Resp.* Ce n'est pas pour se soumettre à la foy qu'on se donne la peine de raisonner contre ce qu'elle nous enseigne : on dit pourtant qu'on s'y soumet ; mais cela veut dire qu'on n'oseroit soûtenir ce qui lui est contraire, & qu'on aime mieux acquiescer que de s'attirer la censure. Observez la conduite du Philosophe des sens, vous verrez que la foy n'influë gueres dans ses œuvres ; & qu'ainsi son cœur & ses raisonnemens se trouvent assez d'accord.

*Dem.* Mais enfin ne pourroit-il pas avoir une foy spéculative qu'il préféreroit à ses raisonnemens?

*Resp.* Quand il n'auroit que cette sorte de foy, il recevroit volontiers ce qui lui seroit favorable, & nous voyons au contraire qu'il aime mieux que l'on parle pour les préjugez que pour elle. Combien voyons-nous des gens qui ne peuvent souffrir qu'on prouve par l'idée de l'étenduë que les animaux n'ont de commun avec nous que des mouvemens extérieurs ; par nos idées & nos sentimens, que nôtre ame est immortelle ; par la realité de l'Infini, l'existence de Dieu ; par l'état où nous nous trouvons, la nécessité d'un Réparateur ; par les attributs d'un Créateur, les devoirs de la créature. On ne peut pas mieux accorder la Raison avec la Foy. Cependant cet accord ne leur plaît pas. Quel signe est-ce ?

*Dem.* Ne peuvent-ils pas ne pas approuver vos raisonnemens par un sentiment de respect pour la Foy qu'ils jugent fort au dessus de la Raison ?

*Resp.* S'ils jugent ainsi, ils ne sont pas condamnables ; mais pourtant ils jugent mal. C'est la même Sagesse qui nous instruit, soit que nous consultions la Raison, soit que nous écoutions la Foy ; & il ne faut point craindre ici de prendre l'imagination pour la Raison. L'imagination est trop ennemie de la Foy pour s'accorder avec elle. Enfin qu'on dise ce qu'on voudra, il faut que nôtre culte soit raisonnable, & il ne peut paroitre tel qu'autant que la Raison est obligée de l'approuver?

*Dem.* L'imagination ne peut-elle causer que du mal dans la Morale?

*Resp.* Je vous ay assez fait voir les biens qu'elle peut produire, quand on la sçait retenir & employer à propos. Elle surprend l'amour propre, elle rend la vérité insinüante, elle excite, elle réveille l'Esprit, elle l'applique à l'objet de son bonheur; mais si l'on n'y prend garde, elle se depaïse bien-tôt; elle se tourne vers des fantômes, séduit agréablement, il se familiarise avec eux, & pour s'en faire toujours de nouveaux, il s'abandonne à tout ce que la vérité condamne. De là sont venuës les Poësies, les Romans, les Comedies, tous ces amusemens pitoyables dont le monde est rempli; quand l'ame n'a point de goût pour la vérité, il faut qu'elle se répande au dehors, il ne lui reste que la vanité à suivre.

## CHAPITRE XXII.

*Caractéres des plaisirs des sens. Leurs tristes effets. Malédiction des spectacles, &c.*

*Dem.* Comment nous y prendrons-nous pour nous régler le cœur ?

*Resp.* Nous serons attentifs à éviter tout ce qui le corrompt.

*Dem.* Quelles sont les choses qui le corrompent ?

*Resp.* Ce sont les plaisirs sensibles.

*Dem.* Quels sont les caractéres de ces sortes de plaisirs ?

*Resp.* Ils sont trompeurs, ils sont injustes, ils sont profanes. Voilà leurs caractéres.

*Dem.* Comment sont-ils trompeurs ?

*Resp.* Ils nous transportent & nous enyvrent : & incontinent aprés ils nous laissent dans la secheresse & dans l'ennui. Ils nous promettent la félicité : & d'abord ils passent pour laisser place à la douleur.

*Dem.* Comment se peut-il que nous ne nous détrompions pas par l'expérience ?

*Resp.* Voici l'homme tel qu'il est par lui-même. Il est si peu touché des vrais biens, il est si attaché à la Terre, qu'il ne recherche que les biens du corps dont elle est le partage. Il ne connoît ni sa vocation ni sa fin ; il agit comme s'il s'étoit fait lui-même, ou comme s'il étoit l'arbitre de son sort, il se fait une fable de la vie future. Cependant comme il est sous le joug de ses passions, le poids qui l'accable lui fait chercher des amusemens ; & le desir qu'il a de se soulager est si violent qu'il parcourt toutes les créatures, & qu'il donne son cœur tantôt à l'une, tantôt à l'autre. Son état quelquefois lui semble heureux, bien-tôt après il s'en dégoûte. Mile douceurs passées dans le moment même qu'il en jouïssoit, lui marquent assez qu'il n'y a point de solide bonheur pour lui : mais il ne veut point le comprendre. Plus il sent la fragilité des plaisirs, plus il l'efforce de les rendre durables; c'est à dire, qu'il veut en être toujours trompé.

*Dem.* Comment sont-ils injustes ?

*Resp.* Nous sommes des pécheurs: Nous méritons donc des châtimens & des plaisirs. Nos ames sont en épreuve dans nos corps; elles y doivent mériter par le sacrifice d'elles-mêmes les vrais biens. Rien n'est donc plus injuste que les plaisirs, puisque par eux l'ame se fait à elle-même un sacrifice des créatures. Nous voulons nous rendre actuellement heureux par les plaisirs sensibles; & ce n'est pas ici le païs de la félicité, nous n'y devons songer qu'à nous rendre parfaits. Dans l'ordre le bonheur ne doit pas prévenir la perfection. Le plaisir est une récompense dans le sens que nous avons vû ailleurs. C'est donc une injustice que d'en jouir avant que de l'avoir mérité. Il est écrit que celui *qui ne travaille point ne doit point manger.* Que peuvent donc attendre ceux qui sans travailler selon l'éternelle vérité ni pour les autres ni pour eux-mêmes, sans mêmes penser jamais à l'ouvrage de Dieu, qui doit être le seul objet de nos occupations se remplissent des biens que Dieu a créez, & se plongent dans les plaisirs ?

*Dem.* Marquez-moi encore comment le plaisir est une recompense ?

*Resp.* Le plaisir est bon en lui-même. Sans le plaisir nous négligerions ce qui est nécessaire pour la conservation de la vie & de la societé. La plûpart des actions dont l'une & l'autre dépendent, sont si rebutantes par elles-mêmes, que si l'auteur de la nature n'y avoit attaché un plaisir vif & interessant, nous ne nous y serions jamais volontairement soumis. Mais voici le mal & le desordre. On suit ce que les sens inspirent, & non pas les régles que le Créateur a marquées. L'ame ne reçoit pas le plaisir comme une recompense du soin qu'elle prend pour la conservation du corps qu'elle anime : elle le reçoit comme un bien auquel elle n'en préfére point d'autre ; & les loix par lesquelles il se distribuë se trouvant en un sens soumises à ses volontez, elle en prend jusqu'à perdre la raison, jusqu'à s'oublier elle-même, & ce qu'elle doit à l'Auteur de tous les biens.

*Dem.* Est-ce en ce sens que les plaisirs sont profanes ?

*Resp.* Ils le sont en plusieurs manieres. Ils attachent l'ame à la créature, dont elle croit les recevoir ; & par conséquent ils rompent l'union que l'ame avoit avec Dieu. Rien n'est plus saint que ce qui établit cette union. Rien n'est plus profane que ce qui la rompt.

*Dem.* Dieu produisant en nous nos plaisirs, comment peuvent-ils être si mauvais ?

*Resp.* Ils ne sont pas mauvais dans leur cause, puisque c'est Dieu qui les produit : ils ne sont pas mauvais dans leur fin, puis qu'ils nous sont donnez pour nous engager à la conservation de nos corps : ils ne sont pas mauvais mêmes en tant qu'ils dépendent de la préfence des créatures. Car les créatures sont bonnes en elles-mêmes, toutes expriment les attributs du Créateur. Mais ils sont mauvais dans l'usage libre que nous en faisons, parce qu'ils nous détournent du souverain bien, & nous attachent à de faux biens.

*Dem.* Mais s'ils sont nécessaires pour la conservation de nos corps, serons-nous obligez ou de nous rendre coupables, ou de nous laisser mourir ?

*Resp.* N'en goûtez qu'autant qu'ils sont attachez à l'usage que vous êtes obligé de faire des choses qui vous sont nécessaires pour vivre, vous ne vous laisserez point mourir, & vous ne vous rendrez point coupable.

*Dem.* Pourquoi Dieu a-t-il attaché plus de plaisir qu'il ne nous en faloit à l'usage des biens sensibles ?

*Resp.* C'est qu'il a voulu vous éprouver ; c'est qu'il a voulu que vous eussiez dequoi lui sacrifier. Par les sentimens de plaisir qu'il vous donne, il a dequoi vous convaincre, si vous vous y abandonnez, que vous lui préférez les créatures.

*Dem.* Ne seroit-il pas mieux que Dieu ne fît rien en nous qui nous pût nuire?

*Resp.* S'il ne tient qu'à vous que ce que Dieu fait en vous ne vous nuise pas, dequoi pouvez-vous vous plaindre? Dieu vous fait-il tort de vous éprouver? Et voudriez-vous qu'ayant fait des loix pour agir en vous, conformes à sa sagesse & à ses vûës, il les interrompît à tous momens; parce que vous ne voudriez pas faire un bon usage de vôtre liberté? Non. Dieu est constant dans sa conduite, il sçait l'ouvrage qu'il doit produire, c'est à nous à nous y accommoder. Si nous ne nous y accommodons pas, ce qu'il s'est proposé s'achevera sans nous, & nous éprouverons ce que méritent nos choix.

*Dem.* Dieu ne pouvoit-il pas faire des loix pour la distribution du plaisir, desquelles nous n'aurions pas abusé ?

*Resp.* Dieu le pouvoit. Mais s'il l'eût fait, nous n'eussions rien eu à sacrifier. Or les biens du monde futur sont trop grands, il faloit leur en sacrifier d'autres, & renoncer à soi-même dans le tems pour se retrouver dans l'éternité. C'est aussi par cette raison qu'une ame qui se fait par les plaisirs sensibles un bonheur qu'elle ne mérite pas, tout fragile qu'il est, non seulement perd celui qui est la récompense d'une vie laborieuse, & qui doit nous rendre éternellement heureux ; mais encore sera punie de sa précipitation & de son injustice. Ce qui fait dire que le plaisir engraisse la victime pour le jour de la vengeance du Seigneur.

*Dem.* Le plaisir des spectacles a-t-il les mêmes caractéres que ceux qu'on appelle grossiers & brutaux ?

*Resp.* Tous les spectacles ont pour fin d'animer les passions : ils ne sont plaisirs que par cet effet. Jugez si vous

vous pouvez vous y fier ; & en même tems si rien peut être plus opposé à la Religion qui nous arme contre nous-mêmes.

*Dem.* Mais la Comédie, par exemple, d'où l'on a banni tous les objets de libertinage pour ne lui laisser représenter que le ridicule ou de nos défauts, ou de nos liaisons, & de nos commerces, seroit-elle dangereuse ?

*Resp.* Vous croyez donc que la Comédie est faite pour vous faire rentrer en vous-même. Vous vous trompez. Elle vous représentera vos défauts ; mais le Comique sçait bien que vous ne vous y reconnoitrez pas, ou que vous n'en serez pas plus ennemi de vous-même ; il sçait qu'au lieu de faire des applications à vôtre chére personne, vous en ferez à vôtre voisin, qui ne manquera pas de vous rendre la pareille : ce qui fait comme un commerce de railleries réciproques, qui éteint parfaitement la Charité & l'esprit de la Religion. Ajoûtez qu'on y ménage toujours si bien la part de la volupté, que bien que les apparences grossieres en soient retranchées, la corruption du cœur n'en est pas moins satisfaite, ou mêmes l'est d'autant plus que ce ménagement éloigne certains reproches qui pourroient l'incommoder.

*Dem.* N'y a-t-il pas des Comédies où l'on représente la vertu avec tout l'éclat, & avec tous les traits qui peuvent la rendre aimable ?

*Resp.* Autre illusion. Rien n'est plus vain, ny plus chimérique que la vertu des Comédies. La Créature y prétend se suffire à elle-même, elle y paroît toute pleine de son excellence, toujours attendant d'elle-même son bonheur, sont-ce là les dispositions qui nous donnent accez à Dieu ?

*Dem.* Que la Comédie ne serve pas à nous rendre vertueux, ne peut-on pas la regarder comme une représentation de la conduite des hommes, & dans la même disposition qu'on regarde des peintures ?

*Resp.* Il y a des peintures qu'on ne regarde point sans danger. Mais qu'elles soient toutes innocentes, qu'en peut-on conclure en faveur de la Comédie ? Des Acteurs & des Actrices qui pour exprimer les passions dans toute leur vivacité se donnent cent mouvemens divers, ressemblent-ils à des statuës, ou à des tableaux ? S'il n'y avoit au Theatre que des figures muëttes & immobiles le frequenteroit-on beaucoup ?

*Dem.* Si l'on n'y va que pour se délasser l'esprit y trouvera-t-on le même danger ?

*Resp.* Ceux qui sçavent ce qu'ils se doivent à eux-mêmes ne vont point là. Ils prennent les divertissemens dont ils ont besoin ; mais ils évitent ces objets qui enchantent l'imagination au lieu de la délasser, & qui accablent l'ame, sous la multitude des sentimens confus qu'ils luy font noître. Le Théatre n'a pas esté fait pour délasser l'esprit de ceux qui pleins d'amour pour la justice travaillent à des affaires importantes & salutaires, on a toujours bien sçû que ceux-là ne le chercheroient pas ; mais on la fait pour ces ames fatiguées de la violence de leurs passions : On prépare à celles-là des objets qui causent en elles des mouvemens plus modérez, & qui pourtant les entretiennent toujours dans la disposition qu'ils aiment.

*Dem.* Malgré toutes ces raisons n'y a-t-il pas des saints Docteurs qui ne condamnent pas absolument la Comédie, ny les spectacles?

*Resp.* Qu'on fasse des Comédies selon la fin, selon les motifs, selon toutes les circonstances que demandent vos Docteurs, je n'aurai plus rien à dire. Mais il n'est pas icy question de Comédies en idée, je parle de celles qui sont en usage; & je dis que non seulement le peuple de Dieu n'a rien connu d'aprochant, mais encore qu'il ne se peut que l'Eglise ne les foudroye. En effet quel raport de tous ces commerces amoureux, de toutes ces intrigues malignes, de ces chants lascifs, de ces divinitez fabuleuses qui d'une part commandent aux élemens, & de l'autre succombent aux passions les plus honteuses, quel rapport, dis-je, de ce mélange monstrueux de foiblesse & de puissance, &

de tout cet attiral phantaſtique, aux ſentimens d'une créature qui ſçait ce qu'elle eſt; & prétendre ſoutenir ces ſcandales, n'eſt-ce pas vouloir que le Paganiſme ſelon tout ſon aveuglement & toute ſa corruption s'acorde avec le crucifix?

*Dem.* Suivant vos principes quelle beatitude pouvons-nous trouver dans cette vie?

*Reſp.* L'homme de quelque maniere qu'on le conſidere, ſoit dans l'état de la nature, ſoit dans celuy de la Religion, n'étant fait que pour ſon Auteur ne peut trouver de repos, ny par conſequent de beatitude, que lors qu'il s'unit par le bon uſage de toutes ſes facultez à ſon Auteur. Or comme nous ne pouvons ſans le ſecours de la grace faire ce bon uſage, il s'enſuit qu'il n'y a que les Chrétiens fidelles à leur vocation qui ſoient capables de beatitude. En un mot pour être heureux preſentement, je veux dire, pour avoir parmi beaucoup de travaux quelque avantgoût de la beatitude, il faut être uni à Dieu par Jeſus-Chriſt l'unique diſpenſateur des vrais biens ; & rien ne s'oppose tant à cette union que l'usage des plaisirs sensibles.

*Dem.* Ne peut-on absolument sans les sentimens de la Religion trouver de beatitude ?

*Resp.* Quelle beatitude espereriez-vous sur une terre environnée de plus de miseres qu'on n'en peut imaginer. Je suppose que vous ayez une santé parfaite, le tour d'imagination le plus heureux, & que vous n'ayez besoin du secours de personne. Il n'y a point de bonheur plus apparent. Pourrez-vous penser aux maux qui vous menacent, aux accidens imprevûs à la mort, & être heureux ? Non. Il n'y a de bonheur icy-bas, que dans l'avantgoût des biens où il ne manque rien, & qu'on doit toujours posseder.

*Dem.* Un homme qui s'abstient des plaisirs pour aquerir de la gloire par l'étude des belles lettres ou autrement, seroit-il aussi à plaindre que celuy qui passe sa vie dans la volupté ?

*Resp.* Il n'y a que les biens célestes qui meritent qu'on leur sacrifie les plaisirs sensibles. La fumée que vous appellez *gloire* est au dessous de tout. Ceux qui la cherchent n'ont pas droit de parler dédaigneusement des plaisirs. Car assurément elle ne les vaut pas. Les plaisirs ont quelque chose de réel ; & cette prétendue gloire est en tous sens une chimere : En un mot s'il n'y avoit point d'autre vie que celle-cy, les voluptueux seroient les plus sages de tous les hommes. La folie de ceux-cy est d'abandonner le droit qu'ils ont à un bien éternel & infini pour la jouïssance actuelle d'un bien de quelques jours & tres borné. La folie de ceux qui prétendent tirer de leurs propres idées leur bonheur & leur gloire, est de perdre avec le souverain bien tout ce qui s'appelle bien present, pour se forger un bien d'une troisiéme espece, également inconnu & aux sens & à la Raison.

*Dem.* Peut-on dire que ceux qui se livrent aux plaisirs des sens soient heureux ?

*Resp.* Pendant qu'on les regarde dans les modifications agreables qu'ils reçoivent par la jouïssance des corps, on peut leur attribuër une sorte de bonheur. Mais regardez-les dans les dégouts, dans les ennuis, dans les impatiences, dans tous ces troubles d'esprit qui sont les suites naturelles de la mauvaise disposition de leurs cœurs, regardez-les dans la rapidité du tems qui les entraîne & toujours inexorables à leurs vœux & à leurs craintes, dans la proximité du tombeau où ils vont être ensevelis, & dans l'éternité qui les menace ; & vous comprendrez que leur bonheur est une étrange misere.

## CHAPITRE XXIII.

*Voye du salut. Comment il faut prier.*

*Dem.* LEs plaisirs des sens étant si opposez à la Religion, comment tous les riches peuvent-ils ne se pas perdre ?

*Resp.* Les richesses & les grandeurs du siecle sont par elles-mêmes indifferentes ; & ne sont point incompatibles avec les dispositions où doit être la creature raisonnable : La loy qui luy est imposée, c'est d'en éloigner son cœur, c'est de les regarder comme un neant, de vouloir bien en être privée, de ne les employer que pour le bien de la société, & de reconnoître devant le Createur qu'il est le seul à qui apartient la gloire, & qui merite l'attachement de nos cœurs. Jesus-Christ maudit les riches, mais ce sont ceux qui s'abandonnent aux vaines joies du monde, & à qui les plaisirs sensibles font oublier le vrai bien. Un riche sera bien heureux s'il gemit à la veuë de son éxil, s'il se confond dans la dépendance où il est de son corps, & dans le sentiment de ses foiblesses, s'il aime mieux tout perdre que d'être separé de son Dieu. Car au fond Dieu ne considere pas si nous sommes dans la disette ou dans l'abondance ; il veut que nous soyons pauvres d'esprit, c'est à dire, detachez de tout ce qui est perissable, & n'ayant des desirs que pour l'objet véritable & éternel des natures intelligentes.

*Dem.* Mais les riches se trouvant

nés au milieu de tous les charmes de la vie, comment viendroient-ils à ce détachement ? Que feront-ils pour empêcher que les plaisirs ne les empoisonnent ?

*Resp.* Ils ne leur donneront entrée qu'autant qu'ils y seront obligez par leur état & pour la conservation de leur vie, ils s'humilieront dans leur engagement & desireront d'en être délivrez.

*Dem.* Quelque précaution qu'on prenne peut-on ne pas exceder ?

*Resp.* Il est vray que quand mêmes on n'excederoit pas, des impressions que nous recevons des plaisirs permis, nous inclinent à la volupté, & sont assez capables de nous corrompre; mais nous avons pour remede les exercices laborieux. Le travail soûmet le corps toujours rebelle à l'esprit, toujours foible & toujours porté au plaisir. C'est aussi une juste vengeance qu'on prend contre soy-même de l'abus qu'on fait toujours trop souvent des bontez du Createur. Voilà qui est rude, je l'avoué, à la nature telle qu'elle se trouve en nous ;

*La Morale.*

Mais ce sont les loix du Christianisme, on ne trouve qu'à ce prix une heureuse éternité.

*Dem.* Et comment faire pour entrer dans cet esprit de privation & de travail, & pour l'entretenir toujours ?

*Resp.* Il faut prier, mais prier avec humilité, avec ferveur, avec perseverance.

*Dem.* Est-il necessaire absolument que la priere ait ces trois caracteres ?

*Resp.* Il faut encore qu'elle soit faite avec connoissance, avec attention, avec desinteressement. Vous voiez que la plûpart des hommes prient & n'obtiennent rien, c'est qu'ils prient sans sçavoir ce qu'ils demandent, c'est qu'ils prient & qu'ils pensent à autre chose, c'est qu'ils prient & qu'ils veulent que la verité s'accommode à leurs passions, c'est qu'ils prient & que leurs prejugez font trop de bruit, ils n'entendent qu'à demy ou point du tout les paroles de la sagesse ; la vivacité de leurs sens & de leur imagination l'emporte sur l'action de l'Esprit & l'efficace de la Raison.

*Dem.* Comment fait-on une humble priere ?

*Resp.* C'est en l'accompagnant d'un vif sentiment de nos foiblesses & de nos miseres, d'une douleur profonde de nôtre corruption & de nos desordres, d'un aveu sincere de nôtre dépendance & de la toute-puissance de Dieu.

*Dem.* Comment la rend-on fervente ?

*Resp.* C'est en la soûtenant par un genereux mepris des biens sensibles, par un desir ardent des biens celestes, par une reconnoissance toujours active des graces dont la divine misericorde nous previent à tout moment.

*Dem.* Comment rend-t-on la priere perseverante ?

*Resp.* C'est en ne cessant jamais de ressentir nôtre bassesse, & de nous en confondre, en ne cessant jamais de desirer le souverain bien, & d'aimer uniquement l'Etre éternel qui le renferme : ce qui fait assez voir que bien que Dieu connoisse mieux nos besoins que nous ne les connoissons nous-mêmes ; c'est cependant le grand exercice qui nous convient que de prier ; puisque la prière n'est qu'un amas de sentimens & de desirs dont l'homme qui connoît son état & qui veut en sortir, est necessairement penetré. Ce ne n'est donc pas pour être averti de nos besoins que Jesus-Christ nous recommande de prier, & de ne point nous en lasser, c'est seulement afin que nous renouvellions & que nous r'animions en tous tems & en tous lieux les dispositions où nous devons être devant Dieu.

*Dem.* Selon cette idée de la prière, peut-on l'adresser à la creature, ou pour d'autres que pour soy-même ?

*Resp.* Les prieres qui se font au Ciel & sur la Terre sont autant d'aveus du neant de la creature, & de la toute-puissance du Createur. Ce sont par consequent des expressions du desir qu'on a que sa loy soit parfaitement accomplie. Cette disposition le touche, plus nous l'étendons, plus elle luy plait. Si nous prions les uns pour les autres, si nous nous adressons aux Saints, nous reconnoissons de plus en plus, le regne de Jesus-

Chrift qui eft le grand objet de la complaifance de Dieu : il ne fe peut que cela n'ait de grands effets. Ce n'eft point à la creature que nous nous attachons, nous ne defirons que la gloire du Createur. Nous luy demandons pour les autres ce que nous cherchons pour nous-mêmes.

*Dem.* Mais ne prie-t-on pas les Saints, pour fe les rendre favorables ?

*Resp.* Ouy fans doute. Mais quelles font leurs faveurs : C'eft de nous prefenter à Jefus-Chrift. C'eft d'interceder pour nous devant fon Trône, de fupleér par leur parfaite charité à nos imperfections infinies : En les priant nous nous engageons à marcher dans les voyes par lefquelles ils fe font unis fi étroitement à Jefus-Chrift. Voila par où nous pretendons nous les rendre favorables. Toute la gloire eft pour Dieu; toute la mediation eft par Jefus-Chrift. On n'a recours aux Saints que comme à des ferviteurs toujours dignes d'être écoutez.

## CHAPITRE XXIV.

*Ordre de la justice de Dieu dans la vie & dans la mort. Motifs d'une vie Sainte.*

*Dem.* DOnnez-moy je vous prie, un sommaire de la morale que vous venez de m'expliquer?

*Resp.* L'homme est capable de bien & de mal, il est susceptible de plaisirs & de douleurs : ses plaisirs sont une épreuve, ses douleurs sont un veritable châtiment. S'il se prive des plaisirs par hommage au souverain bien, il doit en recevoir de plus grands. S'il ne se prive de rien, il n'a rien à esperer. S'il se soûmet aux douleurs, sa soûmission doit être recompensée. S'il ne veut rien souffrir, il n'a nul droit à la recompense, & il merite d'autant plus d'être puni, qu'il a voulu se rendre heureux dans le desordre.

*Dem.* Sur quoy fondez-vous tout cela?

*Resp.* Sur la justice de l'Auteur de nôtre Etre. Nous sommes des pecheurs, & nous avons un corps à conserver. Comme pecheurs, il est juste que nous soyons exposez aux douleurs : comme chargez d'un corps il est à propos que nous goûtions quelque plaisir dans l'usage des choses necessaires à sa conservation. Or que des pecheurs rejettent le châtiment qu'ils meritent, & mettent le bonheur de leur ame à jouïr de ce qui n'est institué que pour les engager à la conservation de leur corps ; qu'ils changent la peine qui leur est duë, en plaisir qu'ils ne meritent pas ; & qu'ils fassent de ce plaisir leur partage contre les intentions de celuy qui le distribuë, c'est le dernier dereglement.

*Dem.* Ne faut-il donc que se soûmettre aux douleurs, & se priver des plaisirs pour se rétablir dans l'ordre ?

*Resp.* Il ne faut rien davantage. Mais pour en venir là il faut bien des choses. L'amour du plaisir nous fait oublier la justice, il nous faut une loy sensible pour nous y rappeller, toujours dominez par l'amour du plaisir nous rejettons encore cette loy, il nous faut une influence celeste pour nous la faire suivre : toujours sollicitez par les fausses douceurs des objets sensibles, nous rejettons souvent celle du Ciel, il nous faut des moyens pour nous relever sans cesse puisque nous retombons toujours. L'usage des Puissances établies sur la Terre est de nous rendre propres à nous servir de ces moyens : tout vise au même but dans les desseins du Createur : sociétez, loix civiles, politique, ceremonies, Religion, tout tend à nous conduire à la connoissance de la verité & à l'amour de la justice, au Regne de Jesus-Christ, à la vie qui doit toujours durer. Dieu ne nous a faits que pour luy ; cela est demontré, & il n'est pas moins évident, qu'il ne nous a aimez que dans son Fils.

*Dem.* Mais toutes ces choses peuvent-elles être solidement établies, & faire si peu d'impression sur l'Esprit de la plûpart des hommes ?

*Resp.* Tot ou tard elles leur font impression à tous ; & je puis vous assurer qu'il n'y a presque personne qui ne soit Philosophe une fois en sa vie. Ceux qui sont les plus passionnez pour tout ce qui touche les sens & les plus sensibles aux veritez des mœurs, traitent serieusement avec eux-mêmes quand se dernier moment est venu : Ils avoüent qu'ils ont aimé l'erreur, ils conviennent de toutes les choses dont ils ne vouloient point convenir : ils voyent clairement ce qu'ils ne vouloient point voir ; & ils accusent leurs sens & leurs passions de les avoir jettez dans les tenebres. C'est ce me semble rendre hommage une fois à la verité, & en reconnoître la lumiere & l'empire.

*Dem.* Cette disposition ne pourroit - elle pas obtenir misericorde ?

*Resp.* Que pourroit - elle servir, quand on n'a rien à sacrifier ? Je veux que le Mourant condamne sa vie passée, qu'il soit couvert de confusion & penetré de crainte, son cœur ne conserve - t - il pas les habitudes que le monde & ses plaisirs y ont formées ? Elles sont comme endormies ces habitudes, je le veux. Mais si le sang & les esprits reprenoient du mouvement ne se reveilleroient-elles point ; & cette ame alarmée ne se laisseroit-elle point toucher de nouveau par ces objets qu'elle embrassoit avec tant d'ardeur ? Le juge qui voit ses craintes voit aussi ses attachemens. Elle a du regret, mais n'est-ce point de ne joüir plus des plaisirs qui se sont éclipsez ? Elle tremble & elle proteste ; mais n'est-ce point parce qu'elle aperçoit le bras foudroyant qui la menace ? Qui ne trembleroit pas à la veuë d'un tel objet ? Qu'elle ait le choix de la vie ou de la mort, elle fera bientôt voir ce qu'elle est.

*Dem.* Mais Dieu ne peut-il pas luy donner la grace dans ce moment & luy faire preferer la mort & la vie ?

*Resp.* Dieu le peut : mais il faut une grace qui établisse dans cette ame une habitude sainte & plus forte que toutes celles que le monde luy a laissées. Toute grace ne produit pas cet effet : nous avons vû que celle qui le produit est attachée à l'usage des Sacremens, qui de leur part supposent des dispositions, où l'on n'entre gueres quand on n'a aimé que le monde. J'avouë pourtant que tout est possible à la grace ; mais avoüez-moy aussi que le peril est évident pour ceux qui la rejettent durant leur vie, & qui en remettent l'usage au moment qu'il faudra mourir.

*Dem.* Retracez-moy, je vous prie, les moyens d'en faire presentement un bon usage.

*Resp.* Remettez-vous souvent devant les yeux la mort, la Resurrection, l'alternative de deux éternitez contraires.

*Dem.* Mais comment faire pour s'accommoder de la pensée de la mort ?

*Resp.* Il faut peser ce que les biens de la Terre sont en eux-mêmes. Pendant qu'on les aime & qu'on s'y attache, on craint de mourir, on ne veut point penser à la mort : l'idée de cette cruëlle qui les fait tous éclipser est insuportable à l'esprit, c'est de tous les objets effrayans le plus terrible. Mais quand on cesse d'écouter les sens pour consulter la Raison. Je veux dire, quand on a connu l'impuissance des creatures, & la veritable cause de tous nos sentimens, on desire le moment où l'ame sujette a tant d'infirmitez par l'union qu'elle a avec une portion de matiere, sera afranchie de son esclavage; on pense avec joie que l'entendement ne sera plus environné de tenebres, que la volonté ne trouvera plus rien qui la deregle, que le cœur & l'Esprit seront également delivrez de leurs inquietudes & de leurs troubles; qu'enfin le bonheur dont on a un desir si violent sera complet. Comparez les biens & les maux de la vie presente, pesez bien ce que nous perdons & ce que nous trouvons en mourant, vous regarderez vôtre dernier jour comme celuy de vôtre triomphe. Car je supose que vous êtes bien resolu à regler vôtre vie sur celle de Jesus-Christ.

*Dem.* Est-ce une chose facile, que de se persuader qu'on n'est pas aneanti à la mort.

*Resp.* Cela n'est pas facile à l'imagination : elle nous dira toujours qu'après la mort nous ne ferons plus. Comme alors elle sera detruite, il ne se peut qu'elle ne nous promette le neant. On sçait assez qu'elle ne parle que pour le corps, & qu'après la mort les biens sensibles n'auront plus lieu : mais consultez la raison, & voiez si une substance plus noble sans comparaison que le corps peut être aneantie, quoique nulle partie du corps même qui se corrompt ne se puisse perdre. Appellez la revelation à vôtre secours ; & écoutez Jesus-Christ qui promet aux justes une vie éternelle, & qui menace les impies d'un feu éternel. Assurément vous ne pouvez sans faire violence à toutes vos idées & aux sentimens les plus naturels douter de l'immortalité de vôtre ame, ny par consequent des recompenses ou des châtimens qu'elle recevra. Mais quand le neant seroit à craindre, il l'est moins, ce me semble, que les miseres de cette vie. Car vous ne doutez pas qu'elles n'en surpassent de beaucoup les douceurs.

*Dem.* Du moins ne seroit-il pas

plus raisonnable de penser que les ames des méchans sont aneanties & chassées ainsi pour jamais de devant la face de Dieu, que de croire que pour des dereglemens passagers elles seront tourmentées éternellement.

*Resp.* S'il n'y a que l'éternité des peines reservées aux impies qui vous arrête, considerez que tout ce que Dieu fait, il le fait en Dieu, il recompense en Dieu, il punit en Dieu. Une ame est surprise dans son dereglement; elle est condamnée, le desespoir s'en empare, elle n'en revient plus, elle est toujours punie. Jugez de la durée de ses peines par la haine que Dieu porte au desordre, par la puissance, par la justice, par la majesté de Dieu, par l'insolence du mépris qu'on a fait de ses promesses.

*Dem.* Que produit en nous la pensée de la Resurrection?

*Resp.* Elle nous anime à conformer nôtre vie à celle de Jesus-Christ. Devant être reformez sur un si grand modele nous entrons dans les maximes par lesquelles il a merité de sortir de son tombeau & entrer dans sa gloire. La Resurrection nous représente un monde nouveau, des hommes renouvellez unis entre eux par les loix de la charité la plus parfaite, comblez de la felicité la plus pure, tous conspirans pour la gloire de leur Reformateur. Pour une societé passagere où les interêts sont partagez, où chacun songe à tromper son associé, où le merite demeure inconnu, où l'injustice est toujours recompensée, où la vertu ne le peut-être, d'où l'affliction & la douceur sont inseparables, où la cupidité domine, pour une telle societé, dis-je, la Resurrection vous presente une societé appuiée sur des fondemens inébranlables, où la même verité unit les Esprits, où la même felicité unit les cœurs, parce que l'une ne change point, & que l'autre ne s'épuise point, une societé dont le Chef est le juste Juge, le scrutateur des cœurs, l'Etre tout-puissant & éternel, qualitez absolument necessaires pour rendre heureux celuy qui merite de l'être. Comparez les biens de ce monde avec ceux du monde futur, ces

biens

biens qu'on ne possede qu'en apparence, & qu'on craint toujours de le perdre, avec ceux qu'on possede réellement & qu'on sçait qu'on possedera toujours des plaisirs qu'on ressent dans l'usage de foibles créatures, avec les plaisirs que produit la joüissance du souverain bien.

*Dem.* Comment entendez-vous qu'on ne possede les biens du siécle qu'en apparence?

*Resp.* Un homme a d'immenses richesses, il est élevé aux suprêmes honneurs: toutes ces choses sont hors de luy. Jusques là il n'en joüit pas. Pour en recevoir du plaisir il faut qu'il y pense; & il n'y peut penser sans ressentir l'injustice de ses attachemens. Ainsi la joie & le repos qu'il cherchoit dans cette sorte de biens sont troublez; il n'en tire que des inquietudes & des remords. Jugez aprés cela si l'on n'a pas raison de dire que les méchans sont plutôt possedez de leurs biens qu'ils ne les possedent? Par opposition representez-vous les consolations d'une ame qui s'attache au bien inseparable des Esprits, à ce bien qui ne change point qu'on retrouve toujours, pour qui nous sommes faits, qui seul remplit la capacité du cœur humain. Representez-vous la douceur des espérances d'une telle ame ; & sur tout souvenez-vous que de perdre par sa faute ce bien ou cette infinité de biens, un bien que Dieu luy§ même nous a promis avec serment ; c'est une disposition d'Esprit, qui n'est pas concevable.

## CHAPITRE XXV.

### Langage de la Raison dans l'Evangile.

*Dem.* PUisque c'est la même Raison qui répond à l'attention de l'Esprit, & qui nous instruit dans la Foy, voudriez-vous me faire voir l'accord de l'Evangile avec vôtre Philosophie ?

*Resp.* Pour vous contenter il suffit que nous nous attachions au Sermon de Jesus-Christ sur la Montagne. Toute sa Doctrine est renfermée dans ce Sermon. Il commence par ces paroles. * *Bien heureux les pauvres d'esprit, parce que le Royaume du Ciel est à eux.* Dieu ne nous a faits que pour luy : il veut que nous n'aimions que luy. C'est donc un desordre que de s'attacher aux richesses. Tous les biens de la Terre ne meritent pas les soins d'une creature faite pour le Ciel : il faut les sacrifier à ceux qui durent éternellement. *Bien heureux donc sont les pauvres d'esprit.* Cependant les sens & l'imagination nous portent tant à aimer les richesses, que sans l'Incarnation du Verbe nous n'eussions jamais pensé à en detacher nos cœurs.

* Matth. Ch. 5. v. 3.

L'inconstance des biens de la Terre, leur fragilité, le nombre des concurrens qui se les arrachent les uns aux autres mettent continuellement de l'amertume dans le cœur & de l'aigreur dans l'Esprit : par eux la vie se passe en contradictions & en discordes. Donc, *Bien heureux ceux qui sont* v. 4

*Mat. ch. 5.* **doux.** Leur douceur est le caractere de leur détachement des biens sensibles, & du repos qu'il prennent en Dieu. Ce sont des hommes renouvellez : ils preferent à la demeure des pecheurs la terre heureuse où l'on vivra éternellement.

Nous sommes icy-bas environnez de tenebres, esclaves d'un corps toujours rebelle, toujours tentez par de faux biens, toujours en danger de faire naufrage & de perdre le vray bien. Donc, *v. 5. bien heureux ceux qui pleurent.* Leurs larmes expriment leurs sentimens sur la vanité de ce qui les environne, leur amour pour leur Auteur, & la crainte qu'ils ont d'être separez de luy. On voit assez de gens qui s'affligent ; mais c'est de la perte des biens sensibles, de leurs richesses, de leurs honneurs, de leur santé. Leurs larmes & leurs joies marquent également le desordre de leur ame. Ceux-là ne seront jamais consolez : ils ne peuvent attendre que de nouvelles afflictions : c'est l'effet propre des biens qu'ils poursuivent. Mais pleurer pour le vray bien, c'est déja recevoir des consolations abondantes.

Nous sommes faits pour l'Etre souverain qui renferme tous les biens : il ne nous a donné cette étenduë de desirs qui est en nous, qu'afin que nous cherchions son infinité, & que nous ne nous reposions qu'en luy. Donc, *bien-heureux ceux qui sont affamez & alterez de la justice* : ils trouveront de quoi se rassasier dans l'infinité de leur objet, pendant que les amateurs des biens de la Terre sentiront croître leur faim. Attendre de ces biens son bonheur, c'est ne pas connoître l'impuissance des creatures, c'est chercher le bonheur où il n'est pas. On ne peut donc pas par cette voye se rassasier : connoître la justice & ne respirer que pour elle, c'est courir à l'Etre souverainement juste & souverainement puissant. Il ne se peut donc

*Mat.* qu'on ne trouve l'abondance & le
*Ch.5.* repos.

Nous ne sommes que tenebres à nous-mêmes, que foiblesse, qu'infirmitez: il n'y a exception
*v. 7.* pour personne. Donc, *bien heureux ceux qui sont misericordieux*: C'est la preuve, qu'ils sont plus attentifs à leurs propres miseres qu'à celles d'autruy, qu'ils songent à se reformer les premiers, & qu'ils ne regardent dans leurs freres que la qualité d'enfant de Dieu, d'heritiers du Royaume où nous sommes tous appellez de membres du même Chef. Il ne se peut que sous ce regard, loin de les contrister, ils ne les soulagent de tout leur pouvoir dans la vallée de larmes que nous avons à traverser ; & que par là ils n'obtiennent pour eux-mêmes misericorde.

Dans l'agitation des affaires temporelles, dans la dissipation & les engagemens du siecle on ne peut s'occuper de son veritable bien. Une ame exposée au grand monde est partagée par une infi- Mat. nité de vains desirs, & remplie ch. 5. d'une infinité de fausses espèces. Ses sens la surprennent à tous momens, son imagination la seduit sans cesse, ses passions la previennent toujours. Donc, *bien heu-* v. 8. *reux ceux qui ont le cœur pur,* qui ne cherchent les richesses & la vie qu'en Dieu. Exemts des nuages de la cupidité, ils contemplent sans trop d'empéchemens le soleil de justice ; & en n'agissant que sous ses influences, ils se rendent dignes de le voir tout à découvert, & de jouïr de tous ses biens.

Nous sommes faits pour vivre en societé avec Dieu. Il faut donc que nous soyons semblables à Dieu autant que nous en sommes capables. Dieu est dans un repos toujours égal. Il faut donc que nos agitations cessent. Donc, *bien heureux sont les pacifiques.* v. 9. Ils seront appellez *enfans de Dieu,* parce qu'en tenant leurs sens, leur imagination & leurs passions sous le joug, ils auront la paix de l'ame, & que dans ce calme heureux ils regleront leurs jugemens sur ceux de Dieu, & leur amour sur le sien.

Il n'y a qu'orgueil & ostentation dans le monde. Les aveugles dont il est rempli se plaisent dans leurs préventions & cherissent leurs erreurs. On ne peut donc prendre le parti de la verité sans s'exposer à leurs insultes ; & une vie qui se regle sur la loy éternelle ne peut éviter leurs censures & leurs mépris : mais il n'est pas moins vray que la persecution & la mort même ne doivent être comptées pour rien, quand on envisage la gloire dont elles doivent être suivies. Les plus grands Saints, les plus grands Prophetes, Jesus-Christ luy-même en a jugé ainsi. Donc, *bien-heureux ceux qui souffrent persecution pour la justice.* Le neant où ils se reduisent pour ainsi, dire, devant les hommes est un sacrifice qui leur ouvre le Royaume des Cieux. Jugez presentement *Mat.* si le langage de la Raison éternel- *ch. 5.* le est different de celuy de la Raison incarnée, ou si la Doctrine de l'Evangile n'est pas celle de la Raison accommodée à toutes sortes d'Esprits. Mais voyons la suite du Sermon tout céleste de nôtre Maître commun.

Nous avons reçû la lumiere & l'Esprit de verité, nous sommes par nôtre vocation unis au Pere éternel. Nous ne pouvons donc pas sans nous haïr nous-mêmes, retourner aux amusemens du siecle, & reprendre l'esprit du monde. Ceux qui sont encore plongez dans les tenebres sont nos freres ; & nos exemples peuvent servir à les faire rentrer en eux-mêmes. Il faut donc que *nôtre* *v. 16.* *lumiere luise devant les hommes.* Si elle ne luit pas, ils ne jugeront pas qu'il y ait d'autres biens que que ceux des sens, ny que nous en cherchions d'autres, ils demeureront dans la route des passions, & toujours opposez à la loy

*Mat.* qui parle au cœur, nous ne con-
*cb.5.* tribuerons point à l'avancement
de l'Ouvrage de Dieu.

Jesus-Christ, comme sagesse éternelle, parle à l'Esprit & au cœur : comme sagesse incarnée, il nous rend attentifs par les impressions fortes qu'il fait sur nous, il nous marque l'étenduë de nos devoirs, il nous applique à la Loy qu'il suit luy-même avec son Pere : Loy inviolable, Loy nécessaire, dont Dieu luy-même ne se peut dispenser, Loy écrite dans la substance même de la Divini-
*v.18.* te. Donc *le Ciel & la Terre passeront plûtôt que tout ce qui est dans la Loy ne soit accompli parfaitement.* Cette Loy subsiste avant le monde, elle subsistera toujours, elle sera le supplice des creatures qui l'auront violée, & toujours la regle de l'amour du Createur pour son Ouvrage.

Nous avons tous une même origine, nous vivons sous la même Loy, nous espérons les mêmes biens. C'est une même lumiere qui nous conduit, c'est un *Mat.* même amour qui nous agite, c'est *ch. 5.* une même main qui doit nous rendre heureux. Donc, *si vous v. 24 êtes mal disposé pour vôtre frere laissez là vôtre don devant l'Autel, & allez-vous reconcilier avec luy.* On n'est point en état de faire un sacrifice à Dieu, quand on veut s'en faire un à soy-même de son semblable. Tous les desirs de vengeance, tous les mouvemens de colere, tous les sentimens de mépris pour une créature que Dieu conserve, & qu'il veut rendre parfaite, sont injurieux à Dieu même. Haïr une créature que Dieu aime, c'est se préferer à Dieu, c'est vouloir mieux juger que Dieu même du prix de son ouvrage.

Le corps sera reduit en poudre, l'ame doit vivre toujours. Les objets de la volupté detournent l'ame du vray bien : ils la remplissent de desirs opposez à la Loy de son Createur : elle ne s'occupe que de ses objets, &

*Mat.* *Ch 5.* s'éloignant ainsi de l'ordre qu'elle doit suivre, elle s'attire un malheur éternel. Donc, *si vôtre œil droit vous est un sujet de scandale, arrachez-le.* Par cette raison que l'ame est préferable au corps.

*v. 29.*

Le monde present est fait pour le monde futur ; toutes les societez passageres ont pour fin la societé éternelle, à laquelle nous sommes appellez. L'union de l'homme & de la femme est la premiere societé ; elle est le fondement de toutes les autres. Donc, *quiconque quitte sa femme la fait devenir adultere.* Cette conduite met le desordre dans la societé humaine, elle s'oppose aux desseins de Dieu. Les membres qui doivent composer la societé future ne trouvent plus qui les prepare. L'union perpetuelle du Createur avec nos ames ne se trouve plus exprimée.

*v. 32.*

Nous avons tous esté créez pour la même fin. Les biens celestes nous sont proposez à tous.

Ceux de la Terre nous sont abandonnez comme des moyens pour nous acheminer vers le Ciel. Nous n'avons donc tous qu'un même interêt, rien à nous déguiser, rien à nous dissimuler les uns aux autres. Donc nous ne devons jurer en aucune maniere, & nous devons nous contenter de dire, *cela est ou cela n'est pas.* Si nous exigeons les uns des autres des sermens, nous nous soupçonnons reciproquement de préferer les biens sensibles à la justice ; & si dans nos commerces nous attestons les Ouvrages de Dieu, c'est qu'effectivement la cupidité nous domine.

Nous n'avons qu'une chose à faire dans ce monde, c'est d'avancer toujours vers le souverain bien : tout le reste, si nous entendons nos interêts nous doit être indifférent. Pour une légére douleur se détourner du bonheur que Dieu veut partager avec nous, c'est un aveuglement étrange : pour la perte de quelques biens passagers perdre de vûë l'éternité heureuse où nous sommes appellez, c'est la plus insigne folie. Donc, *si quelqu'un vous donne un soufflet sur la jouë droite, presentez-luy encore l'autre.* C'est un homme que vous avez à gagner, & il ne comprendra son injustice que par les preuves les plus sensibles de vôtre patience, il ne jugera point, que vous méprisiez les biens du corps, si vous luy resistez : en luy rendant injure pour injure vous vous perdrez avec luy; par vôtre patience vous le sanctifierez avec vous.

Dans tous les évenemens de la vie nous ne devons point nous regarder nous-mêmes, mais uniquement la main qui gouverne le monde, & qui distribuë & les biens & les maux. Dans les hommes, nous ne devons regarder que l'excellence de leur nature & l'honneur qu'ils ont d'apartenir à Dieu. Donc nous devons *aimer nos ennemis, & faire du bien à ceux qui nous haïssent.* S'ils ont méprisé la Loy qui doit régler toutes les intelligences, nous ne devons pas à leur exemple la mépriser. La qualité d'enfans de Dieu les rend toujours aimables, & nous devons de plus en plus nous soumettre au bras qui nous éprouve & nous purifie par eux, Dieu ne les juge point encore, il les souffre, il les laisse jouïr de la lumiere du jour, & des autres biens sensibles, nous ne devons pas prévenir son jugement.

Nous tenons de Dieu tout ce que nous sommes, nous avons en Dieu le mouvement & la vie. Par ces raisons nos œuvres doivent être autant de sacrifices de nous-mêmes. Donc il faut que *nôtre main gauche ne sçache pas le bien que fait nôtre main droite.* Si par nos œuvres nous voulons nous attirer des loüanges de la part des hommes, nous nous mettons à la place du Créateur, nous demandons des sacrifices pour nous-mêmes, nous préten-

*Mat. ch. 6.* dons que des Esprits qu'il n'a faits que pour luy s'occupent de nous. Il faut que nous répandions sur toute la suite de nôtre vie l'humilité, la patience, la charité. Ce sont des vertus tranquiles qui édifient sans éblouïr: mais pour les œuvres qui se font remarquer, telles que sont l'aumône, la priere, le jeûne, il faut les faire en secret, ou sans vouloir être vû : autrement on songe à plaire aux hommes & non pas à Dieu ; & sous une apparence de Religion la foy & la charité se trouvent également éteintes.

Dieu par l'impression de sa Loy parle sans cesse à nos cœurs. Il faut donc que ce soit nos cœurs qui luy parlent. Ce langage du cœur n'a point lieu dans le tumulte du monde. Il faut donc pour le mettre en usage se retirer en secret. Or quel peut être l'entrétien d'une ame qui s'adresse à son Dieu, si non de desirer d'être détachée de toutes les choses de la Terre, de s'élever par des desirs continuels dans les Cieux, de s'unir de plus en plus à un Pere si plein de bonté, de le voir adoré par toutes les nations, de travailler uniquement pour l'avancement de son Ouvrage, de n'être touchée que de la soumission de tous les cœurs à sa Loy sainte, de ne se nourrir que du pain de sa parole & des douceurs de sa grace, de ne s'occuper que des misericordes éternelles, & d'avoir dans les tentations son bras invincible pour appuy.

*Mat. ch. 7.*

L'Oraison *Dominicale* qui comprend tous ces desirs est donc la grande & l'unique priere. Les expressions en sont simples; mais on y aperçoit les sentimens de componction les plus vifs, & le plus profond aneantissement de l'ame en presence du Createur.

*v. 9.*

L'éclat des richesses nous éboüit, les plaisirs dont elles sont les sources nous enyvrent. Dieu demande un cœur qui se possede, & toujours disposé à recevoir les impressions celestes.

*Mat. ch. 7. v. 24.* Donc, *nous ne pouvons servir tout ensemble Dieu & l'argent.* Si nous aimons les richesses, nous préferons la Terre au Ciel, nous méprisons les promesses du Createur : nous jugeons ou que nous ne tenons rien de luy, ou qu'il ne peut pas produire dans l'éternité ce qu'il produit présentement en nous.

Si Dieu demande tous nos mouvemens & toutes nos pensées, s'il veut que nous ne nous occupions que de luy, il s'oblige luy-même à nous donner ce qui est necessaire pour la vie sensible. Donc nous ne devons point dire, *v. 31. où trouverons-nous de quoi manger, de quoi boire, de quoi nous vêtir.* Quand la Raison ne nous en convaincroit pas, l'experience de toute la nature nous apprend que le Createur veille sans interruption sur toutes ses creatures. S'inquieter pour les biens du corps, c'est ne pas estimer ceux de l'ame, c'est juger que le Createur n'a pas de moyens pour nous conserver la vie, & que ce qu'il peut pour les animaux il ne le peut pas pour nous : c'est vouloir être plus sage que luy. Il nous ordonne le travail, & il nous défend l'inquietude, c'est ne pas croire en luy que de s'inquieter en travaillant.

Mat. ch. 7.

Le soin de chacun de nous doit être de rechercher ce qui se passe dans son cœur, & de le purifier. Nous ne devons rendre compte que de nos propres œuvres, il n'y a que nous-mêmes que nous puissions bien connoître. Donc, *ne jugez point afin que vous ne soyez point jugez.* Si nous jugeons des intentions secretes de nos freres, nous perdons de vûë nos propres miseres : nous condamnons ce qui peut être est selon l'ordre ; & nous oublions ce qui est tres condamnable en nous. Voilà une disposition qui nous expose à toute la rigueur de la justice éternelle.

v. 1.

Dieu nous a créez afin que nous possedions avec luy tous ses biens. Il ne peut donc nous refuser ce qui nous est necessaire pour les obtenir. Donc, *quiconque demande reçoit.* Mais pour demander il faut desirer, & pour desirer les vrais biens il faut les preferer à toutes les creatures : on ne les desire que lors qu'on les aime uniquement. Pendant que l'on conserve des liaisons secretes avec le monde, on ne les desire pas. On ne les demande donc pas ; ou si on les demande ce n'est pas pour les obtenir, & on demeure toujours dans son desordre & ses miseres.

On ne peut aimer la verité & la justice sans mortifier ses sens, sans reprimer l'imagination, sans faire des violences continuelles aux inclinations déréglées. Donc *le chemin qui mene à la vie est étroit.* Les hommes sont des aveugles qui se donnent l'exemple les uns aux autres de suivre toutes les inspirations de la Nature corrompuë. Donc, *il y en a peu qui trouvent le chemin qui* même à la vie. C'est à nous à voir si nous voulons être de ce petit nombre. Mat. ch. 7.

Nous n'avons pas esté créez pour faire des actions d'éclat, pour faire parade de beaucoup de science & de Religion, pour prendre les qualitez avantageuses d'enfans de Dieu, d'heritiers du Ciel, de membres de Jesus-Christ ; mais pour observer la loy de justice, & regler nos volontez sur celles de Dieu même. Donc *tous ceux qui disent, Seigneur, Seigneur, n'entreront pas pour cela dans le Royaume des Cieux.* v. 21. Il faut que la justice regne dans nos cœurs ; si nous voulons dans le tems de la tribulation être exaucez. Comme tout le discours du Sauveur partoit de la Raison essentielle & de l'ordre immüable de la justice, il n'est pas surprenant que les pretendus sages le Scribe, le Pharisien, le Docteur demeurassent interdits. Il faloit que le mensonge tombât devant l'éternelle verité ; & que les artifices de l'Esprit humain se dissipassent à la presence de la lumiere celeste qui se rendoit si sensible.

*Fin de la Morale.*

www.ingramcontent.com/pod-product-compliance
Lightning Source LLC
Chambersburg PA
CBHW071259160426
43196CB00009B/1357